כתבא קדישא
לפינלאנדיא

תֹּאומָא לֵוִיָא

Käännös ja kommentit: Tuomas Levänen, Piikkiö
Kannen suunnittelu ja taitto: Matti Lahtinen, Nehemia media
Kustantaja: Nehemia media, Turku, 2016
Painopaikka: Books on Demand GmbH, Noderstedt, Saksa
Isbn: 978-952-7111-05-5

Pyhät kirjoitukset suomalaisille osa 3.

Aramea-Suomi

Johanneksen ilmestys

Sarjassa ilmestynyt aiemmin:

Pyhät kirjoitukset suomalaisille osa 1:
Armea-Suomi interlineaari, Paavalin kirjeet galatalaisille, efesolaisille ja filippiläisille, 2015

Pyhät kirjoitukset suomalaisille osa 2:
Aramea-suomi interlineaari, Johanneksen evankeliumi, 2016

LUKUOHJE

Kirja rakentuu siten, että ensin on arameankielinen teksti, jonka alla on vastaava suomenkielen sana, usein perusmuodossa. Sujuvakieliset käännökset on erotettu interlineaarista lihavoinnilla, joka on kursivoitu.

Tuomas Leväsen kommentit erottuvat sujuvakielisestä käännöksestä siten, ettei niitä ole kursivoitu.

Lukiessasi interlineaaria on hyvä muistaa, että suomennosta luetaan, kuten arameaakin oikealta vasemmalle. Sujuvakieliset tekstit luetaan normaalisti vasemmalta oikealle.

Esipuhe

"Koska kirja on syntynyt Pyhästä Hengestä, juutalaisella on lupa tutkia tätä", kirjoitti tästä kirjasta rabbi Abraham ben Ezra (1092-1167). Länsimainen akateemis-hellenistinen maailma väittää tekstiä perusteettomasti 400-luvun käännökseksi. Sekä Origenes, että *Patrologia Orientalis*, kertovat meille jo 200-luvulla, että Matteus kirjoitti evankeliuminsa Kesareassa aramean (hebrealaisten, ei hebrean) kielellä, ja se käännettiin "Messiaan voimasta" heti kaikille kielille. Siis myös koptin- ja geezinkieliset tekstit ovat vanhempia, kuin mitä nykyaikamme hellenistit varmuudella oikeaksi sanovat. Epiphanius kertoo 300-luvulla, että Apostolien Tekoja ja Johanneksen tekstejä luettiin hebrealaisten kielellä. Josefus kirjoittaa ensimmäisen vuosisadan lopussa, ettei "keskuudessamme" ole kuin muutama kreikan taitoinen. Tällaiset lauseet monissa historian kirjoituksissa kuitenkin sivuutetaan huolettomasti. Näyttää siltä, että Targumin ja Peshittan täydellinen kätkeminen länsimaiden valtaosalta, on osa taivaallista suunnitelmaa lopun ajalle. Jopa Vulgataa tutkitaan ja tulkitaan enemmän kuin aramean versioita! Mielenkiintoinen yksityiskohta historiassa on myös se, että Laodikea ja Kolossa tuhoutuivat maanjäristyksessä vuonna 66, ja Laodikea rakennettiin uudestaan Aureliuksen toimesta yli sata vuotta myöhemmin. Jos Laodikeassa on siis ollut menestyvä seurakunta, joka sanoo olevansa rikas, tämä siirtää koko teoksen kirjoittamisen ajankohdan tuolle ajalle.

Messiaamme ja apostoli Johanneksen äidinkielisen versioni on tarkoitus tuoda esiin ikivanhat ja luotettavat sanavalinnat ja näkökulmat sanasta sanaan, käytössä olevien kreikan tekstien rinnalle, sekä tietysti innostaa suomalaisia tutkimaan Jumalan sanaa. Charles C. Torrey kutsuu kreikankielistä ilmestyskirjaa "kieliopilliseksi anarkiaksi" ja hänen mukaansa kreikan teksti on täynnä valtavia kielioppivirheitä, jotka hän tulkitsee loukkaukseksi kreikan kirjallisuutta vastaan. Torrey luettelee tästä kirjasta esimerkkijakeina mm. 1:4, 1:15, 11:3, 17:4, 22:5. Aramean tekstissä kieliopin kanssa ongelmia ei ole. Delitzschin toimittama Raamatun hebrean kielinen UT seuraa kauniisti Peshittan sanavalintoja. Mutta historiasta tähän päivään; eikö olekin sanan lukijalle tärkeintä se, mitä Henki todistaa sisäisessä maailmassa? Armon Herra siunatkoon jokaista lukijaa.

Piikkiössä 6.lokakuuta 2013 – 1.11.2013 / Chesvan 5774   Tuomas Levänen

Johanneksen ilmestys

Luku 1.

1. גלינא דישוע משיחא דיהב לה אלהא למחויו לעבדוהי
ilmestys Jeshuan Messias jonka antoi hänelle Jumala osoittaakseen palvelijoilleen

מא דיהיב למהוא בעגל ושודע כד שלח ביד
mitä annettu tapahtumaan hetkessä vertauskuvat kun lähetti kautta

מלאכה לעבדה יוחנן:
enkelinsä palvelijalleen Johannan

Jeshuan, Messiaan ilmestys, jonka Jumala antoi, osoittaakseen palvelijoilleen, mitä on annettu tapahtuvaksi pian, kun lähetti vertauskuvat, hänen enkelinsä käden kautta, palvelijalleen Johannanille.

2 הו דאסהד למלתא דאלהא ולסהדותה דישוע משיחא כל
. hän joka todisti sanalle Jumalan ja todistukselleen Jeshuan Messias kaikki

מא דחזא:
mitä että näki

Hänen, joka todisti siitä Jumalan sanasta, ja Jeshuan, Messiaan todistuksesta; kaikki, mitä hän näki.

3 טובוהי למן דקרא ולאילין דשמעין מלא דנביותא הדא
siunauksensa kenelle joka lukee ja nuo joka kuuleva sanat profetian tämä

ונטרין אילין דכתיבן בה זבנא גיר קרב:
ja varjelevat ne jotka kirjoitetut siinä aika sillä lähellä

Hänen siunauksensa sille, joka lukee, ja niille, jotka kuulevat tämän profetian sanat, ja pitävät ne siinä kirjoitetut asiat, sillä se aika on lähellä!

4 יוחנן לשבע עדתא דבאסיא טיבותא לכון ושלמא מן הו
Johannan seitsemälle seurakunnat jotka Aasiassa siunaukset teille ja rauha hänestä

דאיתוהי
se on joka

ואיתוהי הוא ואתא ומן שבע רוחא אילין דקדם כורסיה:
ja on ollut ja tulee ja seitsemältä henget nuo jotka edessä valtaistuimensa

Johanneksen ilmestys

Johannan seitsemälle seurakunnalle, jotka ovat Aasiassa; siunaukset ja rauha teille Hänestä, joka on, ja on ollut, ja joka tulee, ja niiltä seitsemältä hengeltä, jotka ovat hänen valtaistuimensa edessä.

⁵ וּמן ישוע משיחא סההדא מהימנא בוכרא דמיתא ורשא

        johtaja ja kuolleiden ensihedelmä uskollinen todistaja Messias Jeshualta ja

דמלכא דארעא הו דמחב לן ושרא לן מן חטהין

    synneistämme meidät vapauttanut ja meitä rakastaa hän maan kuninkaiden

בדמה:

verensä kautta

Ja Messias Jeshualta, uskolliselta todistajalta, kuolleiden esikoiselta ja maan kuninkaiden hallitsijalta. Hän rakastaa meitä, ja on hänen verensä kautta vapauttanut meidät synneistämme.

⁶ ועבד לן מלכותא כהניתא לאלהא ואבוהי לה תשבוחתא

   kirkkaus hänelle isälle ja Jumalalle papillinen kuningaskunta meidät tehnyt ja

ואוחדנא לעלם עלמין אמין:

amen iankaikkisuudet iankaikkiselle hallitusvalta ja

Ja tehnyt meidät papilliseksi kuningaskunnaksi Jumalalle ja Isälle – Hänelle kirkkaus ja valta, aina ja iankaikkisesti, amen.

⁷ הא אתא עם עננא ונחזיניהי כל עינא ואף אילין

        nuo myös ja silmä kaikki näkee hänet pilvien kanssa hän tulee katso

דדקרוהי ונרקדן עלוהי כל שרבתא דארעא אין ואמין:

amen niin maan perheet kaikki häntä he surevat ja jotka lävistivät

Katso, Hän tulee pilvien kanssa, ja kaikki silmät näkevät Hänet, ja myös ne, jotka Hänet lävistivät, ja kaikki maan perhekunnat surevat Häntä. Niin, amen!

⁸ אנא אלף ותו אמר מריא אלהא הו דאיתוהי ואיתוהי

      ollut ja joka on hän Jumala Herra sanoo tav ja alef minä

הוא ואתא הו דאחיד כל:

kaikki ylläpitää joka hän tulee ja on hän

Minä olen alef ja tav, sanoo Herra Jumala, Hän, joka on, ja on ollut, ja tuleva on – Hän, joka ylläpitää kaikkea.

8

Johanneksen ilmestys

Luku 1.

⁹ אנא יוחנן אחוכון ובר שותפכון באולצנא ובמסיברנותא
kärsivällisyydessä ja kärsimyksessä työtoverinne poika ja veljenne Johannan minä

דבישוע הוית בגזרתא דמתקריא פטמוס מטל מלתא
sana tähden Patmos kutsuttu joka saaressa minä olin Jeshuassa joka

דאלהא ומטל סהדותא דישוע משיחא:
Messias Jeshuan todistus tähden ja Jumalan

Minä, Johannan, veljenne ja työtoverinne poika, kärsimyksessä ja kärsivällisyydessä, jotka ovat Jeshuassa, olin saaressa, joka on kutsuttu "Patmos", Jumalan sanan tähden, ja Messias Jeshuan todistuksen tähden.

¹⁰ והוית ברוח ביומא דחדבשבא ושמעת מן בסתרי קלא
ääni takaani kuulin ja viikon ykkösenä päivänä hengessä minä olin ja

רבא איך שיפורא:
sofarit kuin suuri

Ja minä olin hengessä viikon ensimmäisenä päivänä, ja kuulin takaani sen suuren äänen, kuin sofarit.

¹¹ דאמר אילין דחזית כתוב בכתבא ושדר לשבע עדתא
seurakunnille seitsemälle lähetä ja kirjassa kirjoita mitä näit asiat sanotut

לאפסוס ולזמורנא ולפרגמוס ולתאוטירא ולסרדיס
Sardis'lle ja Taotairalle ja Pergamos'lle ja Zmornalle ja Efesokselle

ולפילדלפיא וללדיקיא:
Laodikealle ja Filadefilalle ja

¹² והפכת למדע קלא אינא דמלל עמי וכד עטפת חזית
minä näin käännyin kun ja kanssani puhui että ääni tietääkseni käännyin ja

שבע מנרן דדהבא:
kullasta menorat seitsemän

"Ne asiat, jotka on sanottu, mitä näit, kirjoita kirjaan, ja lähetä seitsemälle seurakunnalle: Efeso, Zmorna ja Pergamos, ja Taotaira ja Sardis, ja Filadelfia ja Laodikea." Ja minä käännyin, tunnistaakseni sen äänen, joka kanssani puhui, ja kun käännyin, minä näin seitsemän kultaista menoraa.

Johanneksen ilmestys

¹³ וּבמצעתא דמנרתא איך דמותא דברנשא ולביש אפודא
        efod   yllään ja   ihmispojan kaltainen kuin menoroiden keskellä ja

ואסיר ציד תדוהי אסרא דדהבא:
    kultainen   vyö   rintansa ympäri vyötetty

Ja menoroiden keskellä, kuin miehen kaltainen, ja puettuna efod'iin, ja rinnan ympäri vyötetty kultaisella vyöllä.

Efod on ylimmäisen papin vaate, TgEx.28:6 ym. Meidän Raamatussamme usein 'kasukka'. Muualla tässä käytetään eri sanoja vaatteista.

¹⁴ רשה דין וסערה חור איך עמרא ואיך תלגא ועינוהי
   silmänsä ja   lumi kuin ja   villa kuin valkoinen hiuksensa ja mutta hänen päänsä

איך שלהביתא דנורא:
     tulen   liekit kuin

Mutta Hänen päänsä ja hiuksensa olivat valkoiset kuin lampaan villa ja kuin lumi, ja silmänsä kuin tulen liekit.

¹⁵ ורגלוהי בדמותא דנחשא לבניא דמחם באתונא וקלה
   äänensä ja   pätsissä kuumennettu Libania   pronssin kaltaisuudessa   jalkansa ja

איך קלא דמיא סגיאא:
    monien vesien ääni kuin

Ja jalkansa Libanian pronssin kaltaiset, pätsissä kuumennetun, ja äänensä kuin monien vesien ääni.

¹⁶ ואית לה באידה דימינא שבעא כוכבין ומן פומה נפקא
   lähti   suustaan ja   tähdet seitsemän oikean kädessään hänen oli ja

רומחא חריפתא וחזתה איך שמשא מחויא בחילה:
    voimassaan ilmestyy aurinko kuin näin hänet ja terävä   miekka

Ja Hänen oikeassa kädessään oli seitsemän tähteä, ja suustaan lähti terävä miekka, ja minä näin hänet, niin kuin aurinko ilmestyy voimassaan.

¹⁷ וכד חזיתה נפלת על רגלוהי איך מיתא וסם עלי אידה
  kätensä ylleni asetti ja kuollut kuin   jalkojen ylle kaaduin näin hänet kun ja

דימינא למאמר לא תדחל דאנא איתי קדמיא ואחריא:
  viimeinen ja ensimmäinen olen minä sillä pelkää älä sanoen oikean

Johanneksen ilmestys

Ja kun näin Hänet, kaaduin Hänen jalkoihinsa kuin kuollut, ja Hän laittoi oikean kätensä ylleni, sanoen, "älä pelkää, sillä minä olen ensimmäinen ja viimeinen".

¹⁸ ודחי ודמיתא הוית והא חיא איתי לעלם עלמין אמין
amen iankaikkisesti iankaikkisuuteen minä elän katso ja olin joka kuoli ja joka eli ja

ואית לי קלידא דמותא ודשיול:
Sheol'n ja kuoleman avaimet minulle on ja

Ja joka eli, ja joka oli kuollut, ja katso, minä elän, aina ja iankaikkisesti – amen. Ja minulla on kuoleman ja tuonelan avaimet.

¹⁹ כתוב הכיל מא דחזית ואילין דאיתיהין ועתידן
tulevat ja jotka ovat nämä ja olet nähnyt mitä sen tähden kirjoita

למהוא בתר הלין:
näiden jälkeen olevalle

Sen tähden kirjoita, mitä olet nähnyt, ja nämä, jotka ovat nyt, ja ne, mitkä tulevat näiden jälkeen.

Kehottaako Jeesus imperfektissä kirjoittamaan Johanneksen evankeliumin? Kirjoita, mitä olet jo tähän mennessä nähnyt?

²⁰ ארזא דשבעא כוכבין אילין דחזית על ימיני ושבע
seitsemän ja oikeani yllä jonka näit nuo tähdet seitsemän salaisuus

מנרתא שבעא כוכבין מלאכא דשבע עדתא איתיהון
ovat seurakunnat seitsemän sanansaattajaa tähdet seitsemän menoraa

ומנרתא שבע דדהבא אילין דחזית שבע אנין עדתא:
seurakunnat ovat seitsemän jonka näit nuo kullasta seitsemän menoraa ja

Niiden seitsemän tähden salaisuus, jotka näit oikean käteni yllä, ja ne seitsemän menoraa; tähdet ovat seitsemän seurakunnan sanansaattajat, ja nuo näkemäsi kultaiset menorat, ovat seitsemän seurakuntaa.

Paavali käyttää samaa 'arza' –sanaa Room.11:9 puhuessaan "kansojen täyteydestä". Vrt Jaakobin siunaus Efraimille. Seurakunta, 'ed'ata tarkoittaa sanatarkasti 'kunnes Hän tulee'.

Johanneksen ilmestys

2 ולמלאכא דבעדתא דאפסוס כתוב הכנא אמר הו
    hän sanoo näin kirjoita Efesos'n seurakunnan sanansaattajalle ja

דאחיד שבעא כוכבין באידה הו דמהלך בינת מנרתא
menorat keskellä vaeltaa joka hän kädessä tähdet seitsemän joka pitää

דדהבא:
kullasta

Ja Efeson seurakunnan sanansaattajalle kirjoita, näin sanoo Hän, joka pitää kädessään ne seitsemän tähteä - Hän, joka kulkee kultaisten menoroiden keskellä.

Sanansaattaja voi tietysti olla myös enkeli. Valinnalleni on omat syyni.

² ידע אנא עבדיך ועמלך ומסיברנותך ודלא מצית
   kykenet ei että ja kärsivällisyytesi ja työsi ja tekosi minä tiedän

למטען לבישא ונסית לאילין דאמרין נפשהון
sieluistaan sanovat että nuo koettelit ja pahoille sietää

דשליחא איתיהון וליתיהון ואשכחת אנון דגלא:
valheen he havainnut ja eivätkä ole he ovat apostoleja

Minä tiedän sinun tekosi ja työsi ja kärsivällisyytesi, ja ettet pysty pahoja sietämään, ja koettelit niitä, jotka sanovat sieluistaan että apostoleja olisivat, eivätkä ole, ja havaitsit heidän olevan valhetta.

³ ומסיברנותא אית לך וטענת מטל שמי ולא לאית:
   väsynyt etkä nimeni tähden kestänyt ja sinulle on kärsivällisyys ja

Ja kärsivällisyyttä sinulla on, ja olet kestänyt minun nimeni tähden, etkä väsynyt.

⁴ אלא אית לי עליך דחובך קדמיא שבקת:
   jättänyt ensimmäinen rakkautesi sinua vastaan minulla on mutta

Mutta minulla on sinua vastaan, että olet jättänyt ensimmäisen rakkautesi.

⁵ אתדכר מן איכא נפקת ועבד עבדא קדמיא ואנדין
   mutta ja ensimmäinen tekoja tee ja tullut ulos mistä muista

לא אתא אנא עליך ומזיע אנא מנרתך אלא תתוב:
kadu ellet menorasi minä poistan ja sinua vastaan minä tulen ei

Johanneksen ilmestys

Luku 2.

Muista, mistä olet tullut ulos, ja tee ensimmäisiä tekoja, ja jos et, minä tulen yllesi ja poistan menorasi, ellet tee parannusta.

Tov on verbinä periaatteessa hyvän, tai paremmin tekemistä. 'alik, yllesi, tai "olla sinua vastaan".

⁶ אלא הדא אית לך דסנית עבדא דנאקוליטא אילין
. mutta tämä on sinulle vihaat että tekoja nakolaita'n niitä
דאנא סנא אנא:
minä vihaan minä joita

Mutta se sinulla on, että vihaat nikolaita'n tekoja, niitä, joita minä vihaan.

⁷ הו דאית לה אדנא נשמע מנא רוחא ממלל לעדתא
. hän jolla on korvat kuulkoon mitä henki puhuu seurakunnille
ולדזכא אתל מן קיסא דחיא למאכל הו דאיתוהי
ja voittajille annan puusta elämän syödä että on joka
בפרדיסא דאלהא:
paratiisissa Jumalan

Jolla on korvat, kuulkoon, mitä henki seurakunnalle puhuu. Ja voittajien minä annan syödä siitä elämän puusta, joka on Jumalan paratiisissa.

Paradis, sana on suomenkin kielessä ilmeisesti aramean alkuperää.

⁸ ולמלאכא דעדתא דזמורנא כתוב הכנא אמר קדמיא
ja sanansaattajalle seurakunnan Zmornan kirjoita näin sanoo ensimmäinen
ואחריא הו דהוא מיתא וחיא:
ja viimeinen hän joka oli kuollut ja elää

Ja Zmornan seurakunnan sanansaattajalle kirjoita; näin sanoo ensimmäinen ja viimeinen, hän, joka oli kuollut, ja elää.

⁹ ידע אנא אולצנך ומסכנותך אלא עתירא אנת ולגודפא
minä tunnen kärsimyksesi ja köyhyytesi mutta rikas sinä ja pilkkaa
דמן אילין דאמרין נפשהון יהודיא יהודיא כד לא
niistä jotka sanovat sieluistaan juutalaisia juutalaisia kun ei

13

Johanneksen ilmestys

אִיתֵיהוֹן אֶלָּא כְּנוּשְׁתָּא דְסָטָנָא:
saatanan kansanjoukko mutta he ovat

Minä tunnen sinun kärsimyksesi ja köyhyytesi, mutta sinä olet rikas, ja mitä pilkkaa saat niiltä, jotka sanovat sieluistaan olevansa juutalaisia, kun eivät juutalaisia ole, vaan ovat saatanan kansanjoukko.

¹⁰ בְּמִדָּם לֹא תִדְחַל מִן אִילֵין דַעְתִיד אַנְתְּ לְמֶחַשׁ הָא עָתִיד
missään älä pelkää näistä jota tulet sinä kärsimään katso tulee
אָכֶלְקַרְצָא דְנַרְמֵא מֶנְכוֹן בְּבֵית חֲבוּשְׁיָא דְתִתְנַסּוֹן וְנֶהֱוֵא
paholainen joka heittävä teistä jotkut vankeuden talossa koeteltaviksi ja oleva
לְכוֹן אוּלְצָנָא יוֹמִין עֶסְרָא הֱווֹ מְהֵימְנֵא עֲדַמָּא לְמוֹתָא וְאֶתֵּל
teille kärsimys päivät kymmenen olette uskollinen saakka kuolemalle ja annan
לְכוֹן כְּלִילָא דְחַיֵא:
teille kruunun elämän

Älä missään pelkää, mitä tulet kärsimään. Katso, paholainen on heittävä teitä vankihuoneeseen koeteltaviksi, ja se on oleva teille kymmenen päivän kärsimys. Olkaa uskolliset kuolemaan saakka, ja minä annan teille elämän kruunun.

Paholainen on akel-karza. Akel on syömistä ja karza puremista. "Syö ja pureskelee". Tuleeko kreikan dia'bolos tästä? Bolos, bulimia, jne, who knows.

¹¹ דְאִית לֵה אֶדְנָא נֶשְׁמַע מָנָא רוּחָא מְמַלֵל לְעֵדָתָא דְאַיְנָא
jolla on hänellä korva kuulkoon mitä henki puhuu seurakunnalle sellainen joka
דְזָכֵא לֹא נְהַר מִן מוֹתָא תְנִינָא:
voittaa ei satuta kuolemasta toinen

Jolla on korva, kuulkoon, mitä henki seurakunnalle sanoo. Joka voittaa, sitä ei toinen kuolema vahingoita.

Tässä, ja 20:6 ei oikeastaan ole 'toinen kuolema' – vaan sana tanaina tarkoittaa "lohikäärme". Termi on käytössä Jesajan targumissa ja monissa midrasheissa.

¹² וּלְמַלְאֲכָא דְבַעֵדָתָא דְפַרְגָמָא כְּתוֹב הָכְנָא אֱמַר הוּ דְאִית
ja sanansaattajalle joka Pergaman seurakunnassa kirjoita näin sanoo hän joka on
לֵה חַרְבָּא חֲרִיפְתָּא דְתְרֵין פּוּמֵיהּ:
hänellä miekka terävä kahden teränsä

Johanneksen ilmestys

Ja sanansaattajalle, joka on Pergaman seurakunnassa, kirjoita: näin sanoo Hän, jolla on terävä, kaksiteräinen miekka.

¹³ יָדַע אִיכָא עָמְרַת אֲתַר דְּכוּרְסְיֵהּ דְּסָטָנָא וְאָחִיד אַנְתְּ
sinä pidät ja saatanan valtaistuimensa paikka asustat missä tunnen

בְּשֶׁמִי וּבְהֵימָנוּתִי לָא כְּפַרְתְּ וּבְיוֹמָתָא אַתְחָרִית וְסָהְדָא
todistaja ja   taistelit päivinä ja kieltänyt etkä uskollisuudessani ja nimessäni

דִּילִי מְהֵימְנָא מְטֻל דְּכֹל סָהְדָא דִּילִי מְהֵימְנָא אִינָא דְּמִנְכוֹן
teistä joka sellainen uskollinen minun todistaja kaikkien tähden uskollinen minun

אֶתְקְטֵל:
tapettiin

Minä tunnen, missä asustat – saatanan valtaistuimen paikan. Ja sinä pysyt vallassa minun nimeni kautta, ja minun uskollisuuteni kautta, etkä ole kieltänyt niissä taistelunkaan päivissä, ja olet minun uskollinen todistajani kaikkien tähden. Se minun oma uskollinen todistajani, sellainen, joka on teistä, tapettiin.

Pitäminen on sanasta "yksi", olla ykkösenä ,vallassa. *Metul di'kol* "Kaikkien tähden". Käännetty suoraan kreikkaan erisnimeksi *anti-pas*.

¹⁴ אֶלָא אִית לִי עֲלָיךְ זְעוֹרְיָתָא דְּאִית לָךְ תַּמָּן דְּאָחִידִין
jotka pitävät siellä sinulla sillä on muutamat yllesi minulla on mutta

מַלְפָנוּתָא דְּבִלְעָם הוּ דְּאַלֵף לְבָלָק דְּנַרְמֵא כְּשָׁלָא קְדָם
edessä kompastus asettaa että Balakille joka opetti hän Balaamin   opetus

בְּנֵי אִיסְרָאֵיל לְמֶאכַל דֶּבְחֵי פְּתַכְרָא וְלַמְזָנָיוּ:
huorin tekemään ja epäjumalat uhreja syömään   Israelin lapset

Mutta minulla on sinua vastaan jotain. Sillä sinulla on siellä niitä, jotka pitävät vallassa Balaamin opetusta, hänen, joka opetti Balakia asettamaan kompastuksia Israelin lasten eteen; syömään epäjumalien uhreja ja huorin tekemään.

¹⁵ הָכְנָא אִית אָף לָךְ דְּאָחִידִין יוּלְפָנָא דְּנָאקוּלִיטַא הָכְוָת:
samoin nakolaita'n opetusta ne pitävät jotka sinulla myös on   siten

Samoin on sinulla myös niitä, jotka pitävät vallassa nakolaita'n opetuksesta.

¹⁶ תּוּב הָכִיל וְאֶנְדֵין לָא אָתֵא אֲנָא עֲלָיךְ מֶחְדָא וְאַקְרֵב
sodin ja   äkisti yllesi minä tulen ei mutta jos sen tähden tee parannus

Johanneksen ilmestys

עמהון בחרבא דפומי:
suuni miekassa heidän kanssaan

Sen tähden, tee parannus, mutta jos et, minä tulen sinua vastaan äkisti, ja sodin heitä vastaan suuni miekalla.

¹⁷ ודאית לה אדנא נשמע מנא רוחא ממלל לעדתא
seurakunnalle puhuu   henki   mitä kuulkoon   korva hänellä jolla on ja   .

דלדזכא אתל מן מננא הו דמטשי ואתל לה חושבנא
velkakirja hänelle annan ja   salattua sitä   mannasta annan   voittajalle

חורא ועל חושבנא שמא חדתא דכתבא דלא אנש
ihminen ei jota kirjoituksen   uusi   nimi velkakirjan yllä ja valkoinen

ידע אלא הו דנסב:
saaja   hän   paitsi   tiedä

Jolla on korva, kuulkoon, mitä henki puhuu seurakunnalle. voittajalle annan siitä salatusta mannasta, ja annan hänelle puhtaan velkakirjan, ja sen velkakirjan päällä on uusi nimi kirjoitettuna, eikä sitä kukaan tiedä, paitsi sen saaja.

"Chusbana", velkakirja, on kreikkaan ajateltu pikkukiveksi ben-lopuntähden? Salattu on Snl.25:2 jakeesta.

¹⁸ ולמלאכא דבעדתא דבתאוטירא כתוב הכנא אמר ברה
poika   sanoo   näin   kirjoita   Taotairassa   seurakunnan sanansaattajalle ja   .

דאלהא הו דאית לה עינא איך שלהביתא דנורא ורגלוהי
jalkansa ja   tulen   liekit   kuin   silmät hänellä jolla on   hän   Jumalan

איך נחשא לבניא:
Libania   pronssi   kuin

Ja seurakunnan sanansaattajalle Taotairassa kirjoita; näin sanoo Jumalan Poika, Hän, jonka silmät ovat kuin tulen liekit, ja jalkansa kuin Libanian pronssi.

¹⁹ ידע אנא עבדיך וחובך והימנותך ותשמשתך
palvelemisesi ja uskollisuutesi ja rakkautesi ja   tekosi   minä tunnen   .

ומסיברנותך ועבדיך אחריא סגיאא אנון מן קדמיא:
ensimmäisestä   ovat enemmän   viimeiset   tekosi ja   kärsivällisyytesi ja

Minä tunnen sinun tekosi ja rakkautesi ja uskollisuutesi ja palvelemisesi, ja kärsivällisyytesi, ja että viimeiset tekosi ovat enemmät kuin ensimmäiset.

Johanneksen ilmestys

Luku 2.

²⁰ אלא אית לי עליך סגי דשבקת לאנתתך איזבל הי
　　　hän　lizebel　vaimollesi sallit kun paljon sinua vastaan minulla on　mutta

דאמרא על נפשה דנביתא הי ומלפא ומטעיא
　　eksyttää ja opettaa ja hän naisprofeetta sielunsa ylle　sanoo joka

לעבדי למזניו ומאכל דבחי פתכרא:
　epäjumalien　uhreja　syömään ja haureudelle palvelijoilleni

Mutta minulla on sinua vastaan paljon, kun suvaitset vaimoasi lizebeliä, häntä, joka sielustaan sanoo olevansa naisprofeetta, ja hän opettaa, ja eksyttää minun palvelijoitani haureuteen ja syömään epäjumalien uhreja.

²¹ ויהבת לה זבנא לתיבותא ולא צביא למתב מן זניותה:
　haureudesta kääntyä tahtonut eikä parannukselle　aika hänelle annoin ja

Ja minä annoin hänelle aikaa parannuksen tekemiseen, eikä hän tahtonut tehdä parannusta haureudesta.

²² הא רמא אנא לה בערסא ולאילין דגירין עמה באולצנא
　kärsimyksessä kanssaan avionrikkojien ne ja ruumisarkussa hänet minä heitän　katso

רבא אלא נתתוון מן עבדיהון:
　　　　　　teoistaan　　kadu　ellei　suuret

Katso, minä heitän hänet ruumisarkkuun, ja ne hänen kanssaan olleet avionrikkojat suureen kärsimykseen, elleivät kadu tekojaan.

²³ ולבניה אקטול במותא וידעון כלהין עדתא דאנא אנא
　minä　minun seurakunnat kaikki tunteva ja kuolemassa tapan　lapsensa ja

בצא כוליתא ולבא ואתל לכון לכלנש איך עבדיכון:
　tekojenne　kuin　kaikille teille annan ja sydämet ja munuaiset　etsin

Ja hänen lapsensa minä kuolemassa tapan, ja koko minun seurakuntani tulee tuntemaan, että minä tutkin munuaiset ja sydämet, ja minä annan teille kaikille tekojenne mukaan.

²⁴ לכון אמר אנא לשרכא דבתאוטירא כלהון אילין דלית
　ei ole　niille　kaikille　Taotairassa　muille　minä sanon teille

להון יולפנא הנא אילין דלא ידעו עמיקתה דסטנא איך
　kuin　saatanan　syvyytensä tuntemaan ei jotka　nuo　tämä　opetus　heille

17

Johanneksen ilmestys

Luku 2.

דאמרין לא ארמא עליכון יוקרא אחרנא:
sanovat en aseta yllenne taakkaa toisenlaista

Teille muille Taotairassa oleville minä sanon – kaikille niille, joilla ei ole tätä opetusta; niille, jotka eivät tunne, niin kuin sanotaan, "saatanan syvyyksiä" – minä en laita yllenne mitään toisenlaista kuormaa.

²⁵ הו הכיל דאית לכון אחודו עדמא דאתא אנא:
. se sen tähden se joka on teille pitäkää kunnes tulen minä

Sen tähden, pitäkää, mitä teillä on, kunnes minä tulen.

²⁶ ודזכא ונטר עבדי אתל לה שולטנא על עממא:
. ja joka voittaa ja varjelee tekoni annan hänelle vallan yli kansakuntien

Ja joka voittaa, ja pitää minun tekoni, hänelle minä annan käskyvallan yli kansakuntien.

²⁷ למרעא אנון בשבטא דפרזלא ואיך מאני פחרא
. heitä paimentamaan sauvassa raudan ja kuin astiat savenvalajan

תשחקון הכנא גיר ואנא נסבת מן אבי:
hajotetaan tällä tavalla sillä ja minä saanut isältäni

Hän on paimentava heitä rautaisella sauvalla, ja kuin savenvalajan astiat, ne särjetään, tämän minä olen Isältäni saanut.

²⁸ ואתל לה לכוכב צפרא:
ja annan hänelle tähdelle aamu

Ja minä annan hänelle aamutähden.

²⁹ דאית לה אדנא נשמע מנא רוחא ממלל לעדתא:
. jolla on hänellä korva kuulkoon mitä henki puhuu seurakunnalle

Jolla on korva, kuulkoon, mitä henki seurakunnalle puhuu.

Johanneksen ilmestys

3 ולמלאכא דבעדתא דסרדיס כתוב הכנא אמר הו דאית
      jolla on hän sanoo näin kirjoita Sardis'n seurakunnassa sanansaattajalle ja

לה שבע רוחין דאלהא ושבעא כוכבא ידע אנא עבדיך
tekosi minä tunnen tähdet seitsemän ja Jumalan henkiä seitsemän hänelle

ושמא דאית לך ודחיא אנת ודמיתא אנת:
sinä kuollut että ja sinä elät että ja sinulle on nimi ja

Ja sanansaattajalle, joka on Sardis'n seurakunnassa, kirjoita: näin sanoo hän, jolla on seitsemän Jumalan henkeä ja seitsemän tähteä; minä tunnen sinun tekosi, ja sinulla on se nimi, että elät, mutta olet kuollut.

2 והוי עירא וקים דשרכא דאילין דעתיד הוית לממת לא
    ei kuolemalle ovat tulevat jotka niiden muut jotka vahvista ja ahkera ole ja

גיר אשכחתך דמשמלין עבדיך קדם אלהא:
Jumala edessä tekosi täydellisiä sinut havainnut sillä

Ja ole ahkera, ja vahvista muita, niitä, jotka tulevat kuolemaan. Sillä en ole havainnut tekojasi täydellisiksi Jumalan edessä.

3 אתדכר איכן שמעת ונסבת אזדהר ותוב ואנדין לא
    et ja jos ja tee parannus ja huomioi olet saanut ja kuullut kuinka muista

תתעיר אתא אנא עליך איך גנבא ולא תדע אידא
herää tulen minä yllesi kuin varas eikä tunteva mitä

שעתא אתא עליך:
hetki tulen yllesi

Muista, kuinka olet kuullut, ja huomioi, kuinka olet saanut ja tee parannus! Ja jos et herää, minä tulen yllesi kuin varas, etkä sinä tiedä, minä hetkenä minä tulen.

4 אלא אית לי קליל שמהא בסרדיס אילין דלא טושו
    mutta minulle on harvat nimet Sardis'ssa nuo ei saastuttaneet

מאניהון ומהלכין קדמי בחורא ושוין אנון:
vaatteensa ja vaeltavat edessäni valkoisessa arvolliset ovat

Mutta minulla on muutamia nimiä Sardis'ssa, niitä, jotka eivät ole saastuttaneet vaatteitaan, ja ovat arvolliset vaeltamaan valkoisissa minun edessäni.

Johanneksen ilmestys

Luku 3.

⁵ דזכא הכנא מתעטף מאנא חורא ולא אלחא שמה מן
   nimensä pyyhi   eikä valkoinen vaate vaatetettu   näin voittaja .

ספרא דחיא ואודא בשמה קדם אבי וקדם מלאכוהי:
enkeleidensä edessä ja isäni edessä nimensä tunnustan ja elämän kirjasta

Joka näin voittaa, puetaan valkoisiin vaatteisiin, eikä hänen nimeään pyyhitä pois siitä elämän kirjasta, ja minä tunnustan hänen nimensä Isäni edessä, ja hänen enkeleidensä edessä.

⁶ אינא דאית לה אדנא נשמע מנא רוחא ממלל לעדתא:
  seurakunnalle puhuu   henki mitä kuulkoon korva hänellä on kenellä .

Jolla on korva, kuulkoon, mitä henki seurakunnalle puhuu.

⁷ ולמלאכא דעדתא דפילדלפיא כתוב הכנא אמר קדישא
   pyhä sanoo näin kirjoita Filadelfian seurakunnan sanansaattajalle ja .

שרירא הו דאית לה קלידא דדויד אינא דפתח ולית דאחד
sulkijaa eikä ole joka avaa sellainen Davidin avain hänellä jolla on hän totuus

ואחד ולית דפתח:
avaajaa eikä ole sulkee ja

Ja Filadelfian seurakunnan sanansaattajalle kirjoita: näin sanoo pyhä, totuus, Hän, jolla on Davidin avain – joka avaa, eikä ole sulkijaa, ja sulkee, eikä ole avaajaa.

⁸ ידע אנא עבדיך והא יהבת קדמיך תרעא פתיחא אינא
 sellainen avattu   ovi edessäsi antanut katso ja tekosi minä tunnen .

דלא אנש מצא למאחדה מטל דקליל חילא אית לך
sinulle on voima vähäinen koska sulkemaan kykene ihminen ei joka

ומלתי נטרת ובשמי לא כפרת:
kieltänyt ei nimessäni ja pitänyt sanani ja

Minä tunnen sinun tekosi, ja katso, minä olen antanut sinun eteesi avatun oven, jota kukaan ei pysty sulkemaan, koska sinun voimasi on vähäinen ja olet pitänyt minun sanani, etkä kieltänyt minun nimeäni.

⁹ והא יהב אנא מן כנושתא דסטנא מן אילין דאמרין על
  yllä sanovat näistä saatanan kokouspaikasta minä annan katso ja .

Johanneksen ilmestys

נפשהון דיהודיא אנון ולא איתיהון אלא מדגלין הא אעבד

laitan katso valehtelevat mutta ovat eikä ovat juutalaisia sieluistaan

להון דנאתון ונסגדון קדם רגליך ונדעון דאנא אחבתך:

rakastan sinua minä että tuntemaan ja jalkojesi edessä palvomaan ja tulemaan heidät

Ja katso, minä annan saatanan kokouspaikasta niitä, jotka sanovat olevansa sielustaan juutalaisia, eivätkä ole, vaan valehtelevat. Katso, minä laitan heitä tulemaan ja palvomaan jalkojesi edessä, ja tuntemaan, että minä rakastan sinua.

¹⁰ על דנטרת מלתא דמסיברנותי ואנא אטרך מן נסיונא

koettelemuksesta varjelen minä ja kärsivällisyyteni sana pitänyt koska .

דעתיד דנאתא על כלה תאביל דננסא לעמוריה דארעא:

maan asukkailleen. koettelemaan maailma kaiken yli tuleva että tuleva joka

Koska olet pitänyt minun kärsivällisyyteni sanan, minä varjelen sinut siitä koettelemuksesta, joka on tuleva tapahtumaan yli kaiken asutun maan, koettelemaan maan asukkaita.

Maa on area, sama sana kuin englannin kielessäkin.

¹¹ אתא אנא מחדא אחוד הו מא דאית לך דלא אנש נסב

ota ihminen ettei sinulle on se että pidä äkkiä minä tulen .

כלילך:

kruunuasi

Minä tulen äkisti, pidä se, mitä sinulla on, ettei kukaan ihminen ota kruunuasi.

¹² ודזכא אעבדה עמודא בהיכלא דאלהא ולבר לא נפוק

lähde ei ulos ja Jumalan temppelissä pylväs teen hänet voittajan ja .

תוב ואכתוב עלוהי שמא דאלהי ושמא דמדינתא חדתא

uusi kaupungin nimi ja Jumalani nimi yllään kirjoitan ja jälleen

אורשלם אידא דנחתא מן אלהי ושמא דילי חדתא:

uusi minun nimi ja Jumalani luota laskeutuu joka Jerusalem

Ja joka voittaa, minä teen hänestä pylvään Jumalan temppeliin, eikä hän enää lähde ulos, ja kirjoitan hänen ylleen minun Jumalani nimen ja uuden kaupungin, Jerusalemin, nimen, sen, joka laskeutuu minun Jumalani luota, ja minun uuden nimeni.

Johanneksen ilmestys

Luku 3.

¹³ וְדאית לה אדנא נשמע מנא רוחא ממלל לעדתא:
                seurakunnalle sanoo   henki mitä kuulkoon korva hänelle jolla on ja

Jolla on korva, kuulkoon, mitä henki sanoo seurakunnalle.

¹⁴ ולמלאכא דעדתא דלאידיקיא כתוב הכנא אמר אמין
       amen sanoo näin kirjoita Laidikialaisten seurakunnan sanansaattajalle ja

סהדא מהימנא ושרירא ורשיתא דבריתה דאלהא:
  Jumalan luomakunnan alkulähde ja totuus ja uskollinen todistaja

Ja Laidikian seurakunnan sanansaattajalle kirjoita: näin sanoo amen, uskollinen todistaja ja totuus, ja Jumalan luomakunnan alkulähde.

¹⁵ ידע אנא עבדיך לא קרירא אנת ולא חמימא דולא הוא
  olla täytyy kuuma eikä olet kylmä ei tekosi minä tunnen

דאו קרירא תהוא או חמימא:
  kuuma tai oleva kylmä joko

Minä tunnen sinun tekosi, ettet ole kylmä etkä kuuma – täytyy joko olla kylmä, tai olla kuuma.

¹⁶ ואיתיך פשורא ולא קרירא ולא חמימא עתיד אנא
  minä oleva kuuma eikä kylmä eikä haalea olet ja

למתבותך מן פומי:
  suustani oksentava

Ja olet haalea, etkä kylmä tai kuuma. Minä olen oksentava sinut suustani!

¹⁷ מטל דאמרת דעתירא אנת ועתרת ועל מדם לא סניק
  tarvitse et mitään siitä ja menestynyt ja olet rikas että sanoit koska

אנא ולא ידע אנת דאנת הו מחילא ודויא ומסכנא
  köyhä ja kurja ja sairas olet että sinä tunne etkä minä

וערטליא:
  alaston ja

Koska sinä sanot, että olet rikas ja menestynyt, etkä mitään tarvitse, etkä tunne, että sinä olet sairas ja kurja, ja köyhä ja alaston.

Johanneksen ilmestys

Luku 3.

¹⁸ מלך אנא לך דתזבן מני דהבא דבחיר מן נורא דתעתר
    menestyisit että tulesta koeteltu joka kultaa minulta ostamaan sinulle minä neuvon

ומאנא חורא למתעטפו ולא תתגלא בהתתא דערטליותך
alastomuutesi   häpeässä paljastuisi eikä pukeutumaan valkoinen vaatteet ja

ושיפא כחול דתחזא:
näkisit että voitelemaan silmävoide ja

Minä neuvon sinua ostamaan minulta kultaa, tulessa koeteltua, että menestyisit, ja pukeutumaan valkoisiin vaatteisiin, ettei alastomuutesi häpeässä paljastuisi, ja silmävoiteella voitelemaan, että näkisit.

¹⁹ אנא לאילין דרחם אנא מכס אנא ורדא אנא טן
    vaivannäkö minä kuritan ja minä nuhtelen minä rakastan joita niille minä

הכיל ותוב:
tee parannus sen tähden

Niitä, joita minä rakastan, minä nuhtelen ja minä kuritan, ja minä näen vaivaa. Sen tähden, tee parannus!

²⁰ הא קמת על תרעא ואקוש אן אנש שמע בקלי ונפתח
    avaa ja   ääneni kuulee ihminen jos koputan ja   ovella seison katso

תרעא ואעול ואחשם עמה והו עמי:
kanssani hän ja kanssaan aterioin ja astun sisään ja   oven

Katso, minä seison ovella ja koputan. Jos ihminen kuulee ääneni ja avaa oven, minä astun sisään ja aterioin hänen kanssaan, ja hän minun kanssani.

²¹ ודזכא אתל לה למתב עמי על כורסיא דילי איכנא
    kuten minun valtaistuimen yllä kanssani istua hänelle annan voittajat ja

דאנא זכית ויתבת עם אבי על כורסיא דילה:
hänen valtaistuimen yllä isäni kanssa istun ja voittanut minä että

Ja voittajan annan istua kanssani minun valtaistuimeni yllä, kuten minä olen voittanut, ja istun isäni kanssa Hänen valtaistuimensa yllä.

²² מן דאית לה אדנא נשמע מנא רוחא ממלל לעדתא:
    seurakunnalle puhuu henki mitä kuulkoon korva hänelle on kenellä

Kenellä on korva, kuulkoon, mitä henki puhuu seurakunnalle!

Luku 4.

Johanneksen ilmestys

4 מן בתר הלין חזית והא תרעא פתיחא בשמיא וקלא
    ääni ja taivaissa avattiin ovi katso ja näin näiden jälkeen

הו דשמעת איך שיפורא מלל עמי למאמר סק להרכא
se kuin kuulin jonka sofar kuin puhuva kanssani sanoen nouse tänne

ואחויך מא דיהיב למהוא בתר הלין:
ja näytän mitä annettu tapahtuva näiden jälkeen

Näiden jälkeen minä näin, ja katso, taivaissa avattiin ovi, ja se ääni, jonka kuulin puhuvan kanssani, oli kuin sofar, sanoen, nouse tänne, ja minä näytän sinulle, mitä on annettu tapahtuvaksi näiden jälkeen.

2 ומחדא הוית ברוח והא כורסיא סים בשמיא ועל כורסיא
ja äkkiä olin hengessä ja katso valtaistuin asetettu taivaissa ja yllä valtaistuimen

יתב:
istuja

Ja äkkiä minä olin hengessä. Ja katso, taivaissa oli asetettu valtaistuin, ja sen yllä oli istuja.

3 ודיתב איך דמותא דחזוא דכאפא דישפה ודסרדון
ja istujan kuin kaltainen olemuksen kivien jaspiksen ja sardionin

וקשתא דעננא דחדרוהי דכורסיא דמות חזוא דזמרגדא:
ja sateenkaari pilvien joka ympäröi valtaistuimen kuin olemus smaragdin

Ja istuja oli kuin kivien olemuksen kaltainen; jaspiksen ja sardionin, ja pilvien sateenkaari, joka ympäröi valtaistuinta, oli kuin smaragdi.

4 וחדר כורסיא כורסותא עסרין וארבעא ועליהון דין
ja ympärillä valtaistuin valtaistuimet kaksikymmentä ja neljä ja niiden yllä mutta

דכורסותא עסרין וארבעא קשישין דיתבין דעטיפין מאנא
valtaistuimien kaksikymmentä ja neljä vanhimmat istuivat pukeutuneet vaatteet

חורא ועל קרקפתהון כלילא דדהבא:
valkoinen ja yllä päidensä kruunut kultaisen

Ja valtaistuimen ympärillä oli 24 valtaistuinta, ja niiden yllä 24 vanhinta, jotka istuivat pukeutuneina valkoisiin vaatteisiin, ja kultaiset kruunut päidensä yllä.

Johanneksen ilmestys

⁵ וּמִן כּוּרְסְוָתָא נָפְקִין רַעְמָא וּבַרְקָא וְקָלָא וְשַׁבְעָא נְהִירָא
          lamppuja seitsemän ja   ääniä ja salamoita ja   ukkosia   lähtivät valtaistuimesta ja

דִיקְדִין קֳדָמוֹהִי דְכוּרְסְיָא אִילֵין דְאִיתֵיהוֹן שְׁבַע רוּחִין
       henkeä seitsemän ovat jotka   ne valtaistuimen sen edessä palamassa

דַאלָהָא:
   Jumalan

Ja valtaistuimesta lähti ukkosia ja salamoita ja ääniä, ja valtaistuimen edessä oli palamassa seitsemän lamppua, jotka ovat ne seitsemän Jumalan henkeä.

⁶ וּקְדָם כּוּרְסְיָא יַמָא דִזְגוּגִיתָא אַיךְ דוּמְיָא דִגְלִידָא וּבַמְצַעַת
    keskellä ja   kristallin kaltainen kuin   lasista   meri valtaistuin edessä ja

כּוּרְסְיָא וַחְדָרוֹהִי דְכוּרְסְיָא אַרְבַּע חַיָוָן דְמַלְיָן עַיְנֵא
  silmiä täynnä jotka olennot   neljä valtaistuimen ympärillään ja valtaistuin

מֵן קֳדָמַיְהִין וּמֵן בֵּסְתַּרְהֵין:
     heidän takaansa ja heidän edestään

Ja valtaistuimen edessä lasinen meri, kuin kristallin kaltainen, ja keskellä oli valtaistuin. Ja valtaistuimen ympärillä neljä olentoa, jotka olivat silmiä täynnä edestään ja takaansa.

⁷ חַיוּתָא קַדְמָיְתָא דָמְיָא לְאַרְיָא וְחַיוּתָא דְתַרְתֵּין דָמוּתָא
      kaltainen   toinen   olento ja   leijona kuin ensimmäinen   olento

דְעֵגְלָא וְחַיוּתָא דִתְלָת אִית לָה אַפֵּא אַיךְ דְבַרְנָשָׁא וְחַיוּתָא
  olento ja ihmisen pojan kuin kasvot hänen oli   kolmas   olento ja   härän

דְאַרְבַּע דָמוּתָא דְנֵשְׁרָא דְפָרַח:
        lentävä   kotkan kaltainen   neljäs

Ensimmäinen olento oli kuin leijona, ja toinen olento härän kaltainen, ja kolmannella olennolla oli kuin Ihmisen Pojan kasvot, ja neljäs olento oli lentävän kotkan kaltainen.

Bar Enosh, Ihmisen Poika, tulee Dan.7:13 jakeesta. Jos kyseessä olisi joku muu ihminen, resh tilalla olisi nun, ja käännetään ihmislapseksi.

⁸ אַרְבַּעְתֵיהֵין חַיְוָתָא כֻּלְחֲדָא מֶנְהֵין קָיְמָא וְאִית לָה
        heille oli ja   seisoi   niistä jokainen   olentoa nämä neljä

מֵן טֵפְרֵיה וּלְעֵל שְׁתָא גֵפִין חוֹדְרָנָאִית וּמֵן לְגוֹ מַלְיָן עַיְנֵא
   silmiä   täynnä   sisältä ja   ympäröivät siipiä kuusi yllänsä ja   kynsistä

Luku 4.

Johanneksen ilmestys

Luku 4.

וּשְׁלִיא לִית לְהִין אִימָמָא וְלֵילְיָא לְמֵאמַר קַדִישׁ קַדִישׁ קַדִישׁ

pyhä   pyhä   pyhä   sanoen yöllä ja päivällä heille ei äänettömyys ja

מָרְיָא אֱלָהָא אָחִיד כֹּל הוּ דְּאִיתוֹהִי הוּא וְאִיתוֹהִי וְאָתֵא:

tuleva ja on ja oli joka on hän kaiken ylläpitää Jumala Herra

Jokainen näistä neljästä olennosta seisoi, ja heillä oli kynnet, ja yllään kuusi siipeä ympäröimässä, ja sisältä täynnä silmiä. Eivätkä he vaienneet päivin eikä öin, vaan sanoivat, "pyhä, pyhä, pyhä Jumala, kaiken ylläpitäjä, joka on, oli ja tuleva on".

Tefar, kynnet tai sorkat. Sorkat on Targumissa aina parsah, joten menen sanavalinnassa Dan.4:33 ym mukaan. "Ja heillä oli kynnet". Lause puuttuu käännöksistä. Ilmeisesti kynnet olivat huomiota herättävät, koska apostoli ne näin mainitsee.

⁹ וּמָא דְּיָהֵב אַרְבַּעְתֵּיהִין חֵיוָתָא תֶּשְׁבּוּחְתָּא וְאִיקָרָא וְקוּבָּל

  tunnustus ja kunnia ja   kirkkaus olennot nämä neljä antavat kun ja

טִיבוּתָא לְדִיתֵב עַל כּוּרְסְיָא וּלְדַחַי לְעָלַם עָלְמִין אָמֵין:

amen iankaikkisuuksiin iankaikkisuudelle elävälle ja valtaistuin yllä istuvalle armot

Ja nämä neljä olentoa antavat kirkkauden ja kunnian, ja siunauksen tunnustuksen valtaistuimen yllä istuvalle, joka elää aina ja iankaikkisesti, amen.

¹⁰ נָפְלוּן עֶסְרִין וְאַרְבְּעָא קַשִׁישִׁין קֳדָם מַן דִּיתֵב עַל

yllä istuvasta edessä vanhimmat neljä ja kaksikymmentä kumartuvat

כּוּרְסְיָא וְנַסְגְּדוּן לְעָלַם עָלְמִין אָמֵין לְמַן דְּחַי וְנִרְמוֹן

heittävät ja elää joka sille amen iankaikkisuuksiin iankaikkisuudelle palvovat ja valtaistuin

כְּלִילֵיהוֹן קֳדָם כּוּרְסְיָא כַּד אָמְרִין:

      sanoen kun valtaistuin edessä   kruununsa

Kaksikymmentäneljä vanhinta kumartuvat valtaistuimen yllä istuvan edessä, ja palvovat aina ja iankaikkisesti." Amen hänelle, joka elää!" – ja heittävät kruununsa valtaistuimen eteen, sanoen;

¹¹ דְּשָׁוֵית הוּ מָרַן וְאֱלָהַן לְמִסַּב תֶּשְׁבּוּחְתָּא וְאִיקָרָא וְחֵילָא

  valta ja kunnia ja kirkkaus saamaan Jumalamme ja Herramme olet arvollinen

מְטֻל דְּאַנְתְּ בְּרֵית כֹּל וּבְיַד צֶבְיָנָךְ הֲווֹ וְאִתְבְּרִי:

  luotusi ja ovat tahtosi kautta ja kaikki luonut sinun koska

Herramme ja Jumalamme, sinä olet arvollinen saamaan kirkkauden ja kunnian ja vallan, koska sinä olet kaiken luonut, ja sinun tahtosi kautta ne ovat, sinun luotusi.

Johanneksen ilmestys

Luku 5.

5 וחזית על ימינה דהו דיתב על כורסיא כתבא דרשים
       kirjoitettu kirjakäärö valtaistuin yllä istuva hänen oikea yllä näin ja .

מן לגו ומן לבר וטביע טבעא שבעא:
                      seitsemän sinetit sinetöity ja ulkopuolelta sisältä

Ja minä näin, valtaistuimen yllä istuvan oikealla puolella, oli kirjakäärö, sisältä ja ulkopuolelta kirjoitettu, ja seitsemällä sinetillä sinetöity.

2 וחזית אחרנא מלאכא חילתנא דמכרז בקלא רמא מן
       kuka kova äänessä julistaen voimallinen enkeli toisenlainen näin ja .

שוא למפתח כתבא ולמשרא טבעוהי:
                  sinettinsä murtamaan ja kirjakäärö avaamaan arvollinen

Ja minä näin, toinen, voimallinen enkeli, julisti kovalla äänellä, "kuka on arvollinen avaamaan kirjakäärön, ja murtamaan sen sinetit?"

3 ולית דאתמצי בשמיא ולא בארעא ולא דלתחת מן ארעא
       maasta alla joka eikä maassa eikä taivaissa kykenevä ollut eikä .

למפתח לכתבא ולמשרא טבעוהי ולמחזיה:
                  katsomaan ja sinetit murtamaan ja kirjakäärölle avaamaan

Eikä kukaan pystynyt taivaissa, eikä maan päällä, eikä niistä, jotka maan alla ovat, avaamaan kirjakääröä ja murtamaan sen sinettejä ja siihen katsomaan.

4 ובכא הוית סגי מטל דלית דאשתכח דשוא למפתח
       avaamaan arvollinen löytynyt ettei koska paljon olin itkin .

לכתבא ולמשרא טבעוהי:
                  sen sinettejä murtamaan ja kirjakäärölle

Ja minä itkin paljon, kun ei löytynyt arvollista avaamaan kirjakääröä ja murtamaan sen sinettejä.

5 וחד מן קשישא אמר לי לא תבכא הא זכא אריא
       leijona voittanut katso itke älä minulle sanoi vanhimmista yksi ja .

מן שבטא דיהודא עקרא דדויד נפתח כתבא וטבעוהי:
                  sinettinsä kirjakäärö avaamaan Davidin juuri Jehudan sukukunnasta

Johanneksen ilmestys

Ja yksi vanhimmista sanoi minulle, "älä itke, katso, leijona Jehudan sukukunnasta on voittanut – Davidin juuri avaa kirjakäärön sinetit".

⁶ וחזית במצעת כורסיא ודארבע חיון ודקשישא אמרא
    karitsa vanhimpien ja elävät neljän ja valtaistuin keskellä näin ja .

דקאם איך נכיסא ואית לה קרנתא שבע ועינא שבע
seitsemän silmää ja seitsemän sarvea hänelle on ja tapettu kuin joka oli

אילין דאיתיהין שבע רוחא דאלהא דמשתדרן לכלה
kaikelle lähetetyt jotka Jumalan henkeä seitsemän ovat jotka nämä

ארעא:
maa

Ja minä näin valtaistuimen, ja niiden neljän elävän olennon, ja vanhimpien keskellä oli karitsa, joka oli kuin tapettu, ja hänellä oli seitsemän sarvea ja seitsemän silmää. Nämä ovat ne seitsemän Jumalan henkeä, jotka on lähetetty kaikkeen maahan.

Viittaus seitsemään henkeen on juutalaisilla aina ollut lainaus Jes.11:2.

⁷ ואתא ונסב כתבא מן אידה דהו דיתב על כורסיא:
   valtaistuin yllä istuva häneltä kädestä kirjakäärö otti ja tuli ja .

Ja se tuli, ja otti kirjakäärön Hänen kädestään, joka istuu valtaistuimen yllä.

⁸ וכד שקלה לכתבא ארבע חיון ועסרין וארבעא קשישין
   vanhimmat neljä ja kaksikymmentä olentoa neljä kirjakäärölle otti kun ja .

נפלו קדמוהי דאמרא כד אית לכלחד חד מנהון קיתרא
kitarat heillä jokainen kaikille oli kun karitsan edessään kumartui

וזבורא דדהבא דמליא בסמא אילין דאיתיהין צלותא
rukoukset ovat jotka nämä suitsuke täynnä kullasta astia ja

דקדישא:
pyhien

Ja kun se otti kirjakäärön, neljä olentoa ja kaksikymmentäneljä vanhinta kumartui Karitsan edessä. Jokaisella heistä oli kitarat, ja kultaiset astiat, täynnä suitsuketta – niitä, jotka ovat pyhien rukouksia.

Zelota, rukoukset. Vähän harvinaisempi sana rukouksille, esiintyy Tg2Chr.33:13 ja TgPs.72:20. Kitara on kreikassa aramean lainasana – samoin myös suomen kielessä.

Johanneksen ilmestys

Luku 5.

⁹ דִמְשַׁבְּחִין תֶּשְׁבּוּחְתָּא חֲדַתָּא וְאָמְרִין שָׁוֵית הוּ לְמִסְבְּיוּהִי
. jotka lauloivat ylistysvirsi uusi ja sanoivat arvollinen olet ottamaan

לְכִתָבָא וּלְמִשְׁרָא טַבְעוֹהִי עַל דְּאִתְנְכַסְתְּ וּזְבַנְתָּן בִּדְמָךְ
kirjakäärölle ja murtamaan sinetit yllä koska tapettu lunastanut veressäsi

לַאלָהָא מִן כָּל שַׁרְבָתָא וְעַמְמֵא וְאֻמְוָתָא:
Jumalalle kaikista sukukunta ja kansoista ja ihmisistä

Jotka lauloivat uusia ylistysvirsiä, ja sanoivat, sinä olet arvollinen ottamaan kirjakäärön ja murtamaan sinetit sen päältä, koska olet tapettu, ja veressäsi lunastanut Jumalalle kaikista sukukunnista ja kansoista ja ihmisistä.

¹⁰ וַעֲבַדְתְּ אֱנוּן לַאלָהַן מַלְכוּתָא וְכָהְנֵא וּמַלְכָּא וְנַמְלְכוּן
. ja olet tehnyt heidät Jumalallemme kuningaskunta ja papit ja kuninkaat ja he hallitsevat

עַל אַרְעָא:
yli maan

Ja olet tehnyt heistä meidän Jumalallemme kuningaskunnan, ja pappeja ja kuninkaita, ja he hallitsevat yli maan.

¹¹ וַחֲזִית וְשִׁמְעֵת אֵיךְ קָלָא דְמַלְאֲכָא סַגִּיאֵא חַדְרַי כּוּרְסְיָא
. ja näin ja kuulin kuin äänet enkelien monet ympärillä valtaistuin

וְדְחַיוָתָא וּדְקַשִׁישֵׁא וְאִיתוֹהִי הוָא מִנְיָנְהוֹן רִבּוֹ רִבְּוָן
ja olentojen ja vanhimpien ja niiden oli lukumääränsä 10,000 10,000:t

וְאַלֶף אַלְפִין:
ja tuhat tuhansia

Ja minä näin ja kuulin, kuin monien enkelien äänet, valtaistuimen ympärillä, ja olentojen ja vanhimpien, ja niiden määrä oli kymmeniä tuhansia ja tuhannen tuhansia.

Lauseen ajatus ei ole tarkka lukumäärä, vaan sanonnan ajatus on, että joukko todella suuri.

¹² וְאָמְרִין בְּקָלָא רָמָא שָׁוֵית הוּ אֶמְרָא נְכִיסָא לְמִסַּב חֵילָא
. ja sanoivat äänessä kova on arvollinen karitsa tapettu saamaan valta

וְעוּתְרָא וְחֶכְמְתָא וְעוּשְׁנָא וְאִיקָרָא וְתֶשְׁבּוּחְתָּא וּבוּרְכָתָא:
ja hyvinvointi ja viisaus ja voima ja kunnia ja kirkkaus ja siunaus

Ja sanoivat kovassa äänessä; tapettu Karitsa on arvollinen saamaan vallan ja hyvinvoinnin ja viisauden ja voiman, ja kunnian ja kirkkauden ja siunaukset.

Johanneksen ilmestys

¹³ וכל בריתא דבשמיא ובארעא ודלתחת מן ארעא
          maasta   alla ja maassa ja   taivaissa luotu kaikki ja

ודבימא איתיה וכל דבהון ושמעת דאמרין לדיתב על
  yllä istuvalle sanoivat että kuulin ja niissä on kaikki ja oleva meressä ja

כורסיא ולאמרא דבורכתא ואיקרא ותשבוחתא
   kirkkaus ja kunnia ja siunaten karitsalle ja valtaistuin

ואוחדנא לעלם עלמין:
iankaikkisuuksiin iankaikkisesti hallitusvalta ja

Ja kaikki luodut, taivaissa ja maassa ja maan alla, ja meressä olevat ja kaikki, mitä niissä on, kuulin sanovan valtaistuimen yllä istuvalle ja Karitsalle, "Siunaukset ja kunnia, ja kirkkaus ja valta, aina ja iankaikkisesti!"

¹⁴ וארבע חיון דאמרן אמין וקשישא נפלו וסגדו:
  palvoivat ja kumartuivat vanhimmat ja amen sanoivat kun olennot   neljä ja

Ja kun nämä neljä olentoa sanoivat "amen", vanhimmat kumartuivat ja palvoivat.

Johanneksen ilmestys

Luku 6.

6 וחזית כד פתח אמרא חד מן שבעא טבעין ושמעת
. näin ja kun avasi karitsa yksi seitsemästä sinetit ja kuulin
לחדא מן ארבע חיון דאמרא איך קלא דרעמא תא וחזי:
yhdelle neljästä olennot puhuvan kuin ääni ukkosen tule ja katso

Ja kun Karitsa avasi yhden niistä seitsemästä sinetistä, minä kuulin yhden niistä neljästä olennosta puhuvan, kuin ukkosen äänellä, "tule ja katso".

² ושמעת וחזית והא סוסיא חורא ודיתב עלוהי אית לה
. kuulin ja näin ja katso hevonen valkoinen ja istuva sen yllä on hänelle
קשתא ואתיהב לה כלילא ונפק זכי וזכא ודנזכא:
jousi ja annettiin hänelle kruunu ja lähti voittaa ja voitti ja voittaen

Ja minä kuulin ja näin, ja katso, valkoinen hevonen, ja sen yllä istuvalla oli jousi, ja hänelle annettiin kruunu, ja hän lähti voittamaan, ja voittaen voitti.

Ve'di' –etuliite voi kääntää myös ".. ja joka voittajana voitti".

³ וכד פתח טבעא דתרין שמעת לחיותא דתרתין דאמרא
. ja kun avasi sinetti toinen kuulin olennolle toisen joka sanoi
תא:
tule

Ja kun se avasi toisen sinetin, kuulin toisen olennon, joka sanoi, "tule!"

⁴ ונפק סוסיא סומקא ולדיתב עלוהי אתיהב לה למסב
. ja lähti hevonen punainen ja istuvalle sen yllä annettiin hänelle ottaa
שלמא מן ארעא דלחדדא ננכסון ואתיהבת לה חרבא
rauha maasta toisiaan tappavat ja annettiin hänelle miekka
רבתא:
valtava

Ja punainen hevonen lähti, ja sen yllä istuvalle annettiin ottaa rauha maasta, että tappaisivat toisiaan. Ja hänelle annettiin valtava miekka.

⁵ וכד אתפתח טבעא דתלתא שמעת לחיותא דתלת
. kun ja avasi sinetti kolmannen kuulin olennolle kolmas

Luku 6. Johanneksen ilmestys

דאמרא תא והא סוסיא אוכמא ודיתב עלוהי אית
oli   yllään   istuva ja   musta   hevonen katso ja   tule   sanoen

מאסתא באידה:
kädessään   vaaka

Ja kun avattiin kolmas sinetti, kuulin kolmannen olennon sanovan, "tule ja katso!" – Musta hevonen, ja sen yllä istuvalla oli vaaka kädessään.

⁶ ושמעת קלא מן בית חיותא דאמר קבא דחטא בדינרא
dinarissa   vehnää   kab   sanoi joka   olento huoneesta   ääni   kuulin ja   .

ותלתא קבין דסערא בדינרא ולחמרא ולמשחא לא תהר:
vahingoita   älä   öljylle ja   viinille ja   dinarissa   jyvät   kab-mittaa   kolme ja

Ja kuulin äänen, olentojen huoneesta, joka sanoi, "kab-mitta vehnää dinarin, ja kolme kab-mittaa jyviä dinarin. Ja viiniä ja öljyä älä vahingoita!"

⁷ וכד פתח טבעא דארבעא שמעת קלא דחיותא דאמרא
sanoen   olennon   ääni   kuulin   neljäs   sinetti   avasi   kun ja   .

תא:
tule

Ja kun neljäs sinetti avautui, kuulin olennon äänen sanovan, "tule!"

⁸ וחזית סוסיא יורקא ושמה דהו דיתב עלוהי מותא ושיול
Sheol ja   kuolema   sen yllä   istuva   hänen   nimi ja   vaalea   hevonen   näin ja   .

נקיפא לה ואתיהב לה שולטנא על רובעא דארעא דנקטל
tappaa   maan   neljännes   yli   valta   hänelle annettiin ja.   hänelle   liittyi

בחרבא ובכפנא ובמותא ובחיותא דארעא:
maan eläimissä ja kuolemassa ja nälänhädässä ja   miekassa

Ja näin vaalean hevosen, ja sen yllä istuvan nimi oli Motha, ja Sheol liittyi häneen. Ja hänelle annettiin valta yli maan neljänneksen, tappaa miekalla ja nälänhädällä, ja kuolemalla ja maan eläimillä.

Kuoleman lisäksi 'motha' voi merkitä myös tappavaa myrkkyä. Sanaa käytetään ainakin TgJer.11:19, TgEx.10:17. Väri voi olla vaaleanvihreä. Sanaa käytetään mm. kasvojen kalpenemisesta, yrteistä ja hedelmistä. Kreikan khloros on täysin vastaava sana tässä kohdassa.

Johanneksen ilmestys

Luku 6.

⁹ וכד פתח לטבעא דחמשא חזית לתחת מן מדבחא
. kun ja avasi sinetille viidennen näin alapuolella alttarista

לנפשתא דאתקטל מטל מלתא דאלהא ומטל סהדותא
sieluille tapettujen tähden sana Jumalan tähden ja todistus

דישוע הי דאית הוא להון:
Jeshuan se joka oleva oli heille

¹⁰ וקעו בקלא רבא ואמרין עדמא לאמתי מריא קדישא
. ja huusivat äänessä valtava ja sanoivat saakka milloin Herra pyhä

ושרירא לא דינת ותבעת דמן מן עמוריה דארעא:
ja todellinen etkö tuomitse ja kostat veret asukkaista maan

Ja kun se avasi viidennen sinetin, minä näin alttarin alapuolella niitä sieluja, jotka on tapettu Jumalan sanan tähden, ja sen Jeshuan todistuksen tähden, joka heillä oli, ja ne huusivat valtavalla äänellä ja sanoivat, "kuinka kauan, Herra, pyhä ja totuus, etkö tuomitse ja kosta maan asukkaiden verta?"

Henkirikostapauksissa veri on raamatussa monikossa, Abelista lähtien, Nah.3:1 ym., koska veressä on myös tulevat sukupolvet.

¹¹ ואתיהבת לכלחד חד מנהון אסטלא חורתא ואתאמר
. ja annettiin kaikille jokainen heistä vaatteet valkoiset ja sanottiin

דנתניחון עד עדן זבן זעור עדמא דמשתמלין אף כנותהון
lepäävät sillä aika hetken vähäinen kunnes täydellistetään myös seuralaisensa

ואחיהון אילין דעתידין למתקטלו איך דאף הנון:
ja veljensä jotka tapahtuva tappamiselle kuin samoin nämä

Ja kaikille annettiin, jokaiselle heistä, valkoiset vaatteet, ja heitä käskettiin lepäämään, sillä hetki, vähän aikaa, kunnes tulevat täydellisiksi myös heidän työtoverinsa ja veljensä, jotka joutuvat tapettaviksi, samoin kuin nämä.

¹² וחזית כד פתח טבעא דשתא ונודא רבא הוא ושמשא
. näin ja kun avasi sinetin kuudennen ja maanjäristys valtava oli ja aurinko

איך סקא דסערא אוכם הוא וסהרא כלה הוא לה
kuin säkkipuku karvainen pimentyi oli ja kuu kaikki oli sille

איך דמא:
kuin veri

Johanneksen ilmestys

Ja minä näin, kun kuudes sinetti avattiin, ja oli valtava maanjäristys, ja aurinko pimentyi, ja oli kuin karvainen säkkipuku, ja kuu oli kuin verinen.

¹³ וכוכבא דשמיא נפלו על ארעא איך תתא דשדיא
heittää joka viikunapuu kuin   maan ylle putosivat   taivaiden   tähdet ja

פקועיה מן רוחא עשינתא מא דמתתזיעא:
heiluttaa   kun   voimallinen   tuulesta   viikunat

Ja taivaiden tähden putosivat maan päälle, kuin viikunapuu, joka heittää viikunansa, kun voimallinen tuuli sitä heiluttaa.

¹⁴ ושמיא אתפרש ואיך כתבא אתכרכו וכל טור וכל
kaikki ja kukkula kaikki ja   kääritään kirjakäärö kuin ja   poistui   taivaat ja

גזרתא מן דוכתהון אתתזיעו:
siirrettiin   paikoistaan   saaret

Ja taivaat poistuivat, kuin kirjakäärö, joka kääritään, ja kaikki kukkulat ja kaikki saaret siirtyivät paikoiltaan.

¹⁵ ומלכא דארעא ורורבנא ורישי אלפא ועתירא וחילותא
voimalliset ja   rikkaat ja tuhannen päämiehet ja ruhtinaat ja   maan kuninkaat ja

וכל עבדא ובני חארא טשיו נפשהון במערא ובשועא
kallioissa ja   luolissa   sielunsa kätkivät vapaat lapset ja palvelijat kaikki ja

דטורא:
kukkuloiden

Ja maan kuninkaat ja ruhtinaat, ja tuhannen päämiehet ja rikkaat ja voimalliset, ja kaikki palvelijat ja vapaat lapset, kätkivät sielunsa luoliin ja kukkuloiden kallioihin.

¹⁶ ואמרין לטורא ושועא דפלו עלין וטשו לן מן קדם
edestä   meidät kätke ja yllemme   kaadu   kalliot ja kukkuloille sanoivat ja

אפוהי דאמרא:
karitsan   kasvojen

Ja sanoivat kukkuloille ja kallioille, "kaatukaa yllemme, ja kätkekää meidät Karitsan kasvojen edestä!"

Luku 6.

17 מטל דאתא יומא רבא דרוגזהון ומנו משכח למקם:
koska tullut päivä valtava heidän vihansa ja kuka kykenee seisomaan

Sillä heidän vihansa suuri päivä on tullut – ja kuka kykenee seisomaan?

Johanneksen ilmestys

7 ומן בתר הדא חזית ארבעא מלאכין קימין על ארבע
     neljä yllä seisovat enkelit neljä näin tämän jälkeen ja .

זויתה דארעא ואחידין לארבעת רוחא דלא נשב רוחא
  tuuli puhalla ettei tuulet neljälle pitelevän maan kulma

על ארעא ולא על ימא ולא על כל אילן:
  puut kaikki yllä eikä vesi yllä eikä maa yllä

Ja tämän jälkeen minä näin, neljä enkeliä seisoi maan neljän kulman yllä, ja pitelevän neljää tuulta, ettei tuuli puhalla maan yllä, eikä veden yllä, eikä minkään puun yllä.

Ru'ach on sekä tuuli, että henki. Jumalan yhteydessä poikkeuksetta henki, mutta tässä melko varmasti siis 'tuuli'.

2 וחזית אחרנא מלאכא דסלק מן מדנחי שמשא ואית לה
  hänelle on ja aurinko noususta kohoava enkeli toinen näin ja .

חתמא דאלהא חיא וקעא בקלא רמא לארבעא מלאכא
  enkelit neljälle kova äänessä huusi ja elävä Jumalan sinetti

הנון דאתיהב להון דנהרון לארעא ולימא:
  merelle ja maalle vahingoittaa joille annettiin nämä

Ja minä näin toisen enkelin kohoavan auringon noususta, ja hänellä oli elävän Jumalan sinetti, ja hän huusi kovalla äänellä näille neljälle enkelille, joille annettiin vahingoittaa maata ja merta.

3 ואמר לא תהרון לארעא ולא לימא ואפלא לאילנא
  puille eikä merelle eikä maalle vahingoittaa ei sanoi ja .

עדמא דנחתום לעבדוהי דאלהא בית עיניהון:
  silmistään välissä Jumalan palvelijat sinetöimme kunnes

Ja sanoi, "älkää vahingoittako maata eikä merta, eikä puilta, ennen kuin sinetöimme Jumalan palvelijat otsistaan".

4 ושמעת מנינא דחתימא מאא וארבעין וארבעא אלפין
  ruhtinaat neljä ja 40 ja sata sinetöity joka määrä kuulin ja .

מן כל שרבן דאיסריל:
  Israelin sukukunnat kaikista

Ja minä kuulin niiden määrän, jotka oli sinetöity; sata neljäkymmentä neljä ruhtinasta kaikista Israelin sukukunnista.

Johanneksen ilmestys

Luku 7.

Tässä on alefin vs elefin. Sama kuin 1Sam.6:19, jos ajattelemme, ettei Beet-Semes ollut suurkaupunki, ja sieltä kuoli 70 päämiestä. Jos haluat mennä perinteisen 'tuhatta' tulkinnan mukaan, ole hyvä. Mutta ajattelemisen arvoinen vaihtoehto, jossa 12x12 (vrt. 12 apostolia, ym) menee yhteen muun raamatun sanoman kanssa, sekä juutalaisen temppeliperinteen mukaan. Tract Pesachim, Talmud Bavli.

⁵ מן שרבתה דיהודא תרעסר אלפין מן שרבתה דרוביל
    Rubil'n sukukunnasta ruhtinaat kaksitoista Jehudan sukukunnasta .

תרעסר אלפין מן שרבתה דגד תרעסר אלפין:
    ruhtinaat kaksitoista Gaadin sukukunnasta . ruhtinaat   kaksitoista

Jehudan sukukunnasta kaksitoista ruhtinasta, Rubilin sukukunnasta kaksitoista ruhtinasta, Gadin sukukunnasta kaksitoista ruhtinasta.

TgGen.29:32, TgEz.48:6 ym. on ainakin normaali Reuben, en tiedä, miksi tässä on Rubil. Targumin Ruben kirjoitetaan ראובן ja joissakin kohdissa alefin tilalla on ajin, mutta tämä nimi kirjoitetaan eri tavalla.

⁶ מן שרבתה דאשיר תרעסר אלפין מן שרבתה דנפתלי
    Naftalin sukukunnasta ruhtinaat kaksitoista Asher'n sukukunnasta .

תרעסר אלפין מן שרבתה דמנשא תרעסר אלפין:
    ruhtinaat   kaksitoista Manassen sukukunnasta . ruhtinaat kaksitoista

Asherin sukukunnasta kaksitoista ruhtinasta, Naftalin sukukunnasta kaksitoista ruhtinasta, Manassen sukukunnasta kaksitoista ruhtinasta.

⁷ מן שרבתה דשמעון תרעסר אלפין מן שרבתה דאיסכר
    Issakar'n sukukunnasta ruhtinaat kaksitoista Shimeon'n sukukunnasta .

תרעסר אלפין מן שרבתה דלוי תרעסר אלפין:
    ruhtinaat kaksitoista   Levin sukukunnasta . ruhtinaat kaksitoista

Shimeonin sukukunnasta kaksitoista ruhtinasta, Issakarin sukukunnasta kaksitoista ruhtinasta, Levin sukukunnasta kaksitoista ruhtinasta.

⁸ מן שרבתה דזבולון תרעסר אלפין מן שרבתה דיוסף
    Josef'n sukukunnasta ruhtinaat kaksitoista Zebulon sukukunnasta .

תרעסר אלפין מן שרבתה דבנימין תרעסר אלפין חתימא:
  sinetöity ruhtinaat kaksitoista Benjamin'n sukukunnasta . ruhtinaat kaksitoista

Luku 7.

Johanneksen ilmestys

Zebulonin sukukunnasta kaksitoista ruhtinasta, Josefin sukukunnasta kaksitoista ruhtinasta, Benjaminin sukukunnasta kaksitoista ruhtinasta – sinetöity!

⁹ בתרכן חזית כנשא סגיאא אינא דלמנינה לית דמצא הוא
    ollut mahdollista ei   laskea   jota monet kansanjoukko näin jälkeen sen .

מן כל עם ושרבא ואמון ולשנין דקימין קדם כורסיא
  valtaistuin edessä seisoivat kielistä ja kansakunnista ja sukukunnista ja kansa kaikista

ודקמוהי דאמרא ומעטפין אסטלא חורתא ובאידיהון
  käsissään ja   valkoiset   vaatteet .pukeutuneina karitsan edessään ja

דקלא:
palmujen

Sen jälkeen minä näin monet kansanjoukot, joita ei ollut mahdollista laskea, kaikista kansoista ja sukukunnista, ja kansakunnista ja kielistä, jotka seisoivat valtaistuimen edessä, ja Karitsan edessä, pukeutuneina valkoisiin vaatteisiin, ja palmun lehdet käsissään.

¹⁰ וקעין בקלא רבא ואמרין פורקנא לאלהן ולדיתב על
      yllä istuvalle ja Jumalallemme pelastus sanoivat ja valtava äänessä huusivat ja .

כורסיא ולאמרא:
karitsalle ja valtaistuin

Ja he huusivat valtavalla äänellä ja sanoivat, "Pelastus Jumalallemme, ja valtaistuimen yllä istuvalle, ja Karitsalle!"

Purkanaa, פורקנא **pelastus, lunastus. TgNum.3:46,TgPs.33:17. UT 14x, mm. Matt.20:28, Apt.4:12, 2Piet.3:15.**

¹¹ וכלהון מלאכא קימין הוו חדרוהי דכורסיא ודקשישא
    vanhimpien ja valtaistuimen ympärillä oli seisoivat enkelit ne kaikki ja .

ודארבע חיון ונפלו קדם כורסיא על אפיהון:
kasvojensa ylle valtaistuin edessä kumartuivat ja olennot   neljä ja

Ja ne kaikki enkelit olivat seisomassa valtaistuimen ja vanhimpien ympärillä, ja niiden neljän olennon, ja he kumartuivat kasvoilleen valtaistuimen edessä.

¹² כד אמרין אמין תשבוחתא ובורכתא וחכמתא וקובל
   tunnustus ja viisaus ja siunaus ja   kirkkaus amen sanoivat kun .

טיבותא ואיקרא וחילא ועושנא לאלהן לעלם
     iankaikkisuudelle Jumalallemme pelastus ja elämä ja kunnia ja   armot

Johanneksen ilmestys

Luku 7.

עלמין אמין:
amen iankaikkisuuksiin

He sanoivat, "Amen! Kirkkaus ja siunaus ja viisaus, ja armojen tunnustus ja kunnia, ja elämä ja pelastus, meidän Jumalallemme, aina ja iankaikkisesti, amen!"

¹³ וענא חד מן קשישא ואמר לי הלין דעטיפין אסטלא
   vaatteet pukeutuneet jotka nämä minulle sanoi ja   vanhimmista   yksi vastasi ja

חורתא מן אנון ומן איכא אתו:
tulleet   mistä ja   ovat keitä valkoiset

Ja yksi vanhimmista vastasi, ja sanoi minulle, "keitä nämä ovat, jotka ovat pukeutuneet valkoisiin vaatteisiin, ja mistä he ovat tulleet?"

¹⁴ ואמרת לה מרי אנת ידע אנת ואמר לי הלין אנון אילין
   nämä   ovat ne minulle sanoi ja sen tunnet sinä herrani hänelle sanoin ja

דאתו מן אולצנא רבא וחללו אסטליהון וחורו אנין בדמא
veressä ne valkaisseet ja vaatteensa puhdistaneet ja valtava kärsimyksestä tulleet

דאמרא:
karitsan

Ja minä sanoin hänelle, "herrani, sinä sen tiedät." Ja hän sanoi minulle, "nämä ovat niitä, jotka ovat tulleet siitä valtavasta kärsimyksestä, ja ovat puhdistaneet vaatteensa, ja valkaisseet ne Karitsan veressä."

¹⁵ מטל הנא איתיהון קדם כורסיא דאלהא ומשמשין לה
   hänelle palvelevat ja Jumalan valtaistuin edessä ovat tämän tähden

איממא ולליא בהיכלה ודיתב על כורסיא נגן עליהון:
heidän kanssaan kulkeva valtaistuin yllä istuva ja temppelissä yö ja päivä

Tämän tähden he ovat Jumalan valtaistuimen edessä, ja palvelevat häntä päivät ja yöt hänen temppelissään, ja valtaistuimen yllä istuva on kulkeva heidän kanssaan.

Nagen-verbi löytyy Luuk.1:35 ja Apt.2:26, joissa molemmissa tämä "kulkeva, asustava" – merkitys. Kreikan kääntäjä ehkä ajatellut peittävän merkityksen tuosta Luukkaan kohdasta? Mutta mistään teltan levittämisestä ei ole kyse, kuten KR38.

Johanneksen ilmestys

¹⁶ לא נכפנון ולא נצהון ושמשא עליהון לא נפל ולא כל
ei nälkää eivätkä janoa ja aurinko heidän ei putoava eikä mitään
שובא:
kuumuutta

Ei heillä ole oleva nälkää, eivätkä he janoa, eikä aurinko ole putoava heidän ylleen, eikä mikään kuumuus.

¹⁷ מטל דאמרא דבמצעת כורסיא נרעא אנון ונשבל אנון
koska karitsan joka keskellä valtaistuin paimentava heitä ja johdattaa heidän
ציד חיא וציד עינתא דמיא ונלחא כל דמעא מן עיניהון:
elämä vierellä ja lähteet vesien vierellä ja pyyhkivä kaikki kyyneleen silmistään heidän

Sillä Karitsa, joka on valtaistuimen keskellä, on paimentava heitä, ja johdattaa heidät elämän äärelle, ja vesien lähteiden äärelle, ja hän on pyyhkivä kaikki kyyneleet heidän silmistään.

Johanneksen ilmestys

Luku 8.

8 וכד פתח טבעא דשבעא הוא שתקא בשמיא איך
       kuin taivaissa hiljaisuus oli seitsemännen sinetin avasi kun ja

פלגות שעא:
hetkeä puoli

Ja kun seitsemäs sinetti avattiin, taivaissa oli hiljaisuus, kuin puoli hetkeä.

² וחזית לשבעא מלאכין אילין דקדם אלהא קימין הוו
     olivat seisomassa Jumala edessä nämä enkelit seitsemälle näin ja

דאתיהבו להון שבעא שיפורין:
sofarit seitsemän heille annettiin joille

Ja minä näin seitsemän enkeliä. Nämä olivat seisomassa Jumalan edessä, ja heille annettiin seitsemän pasuunaa.

³ ואחרנא מלאכא אתא וקם על מדבחא ואית לה פירמא
   suitsutusastia hänelle on ja alttari yllä seisoi ja tuli enkeli toinen ja

דדהבא ואתיהב לה בסמא סגיאא דנתל בצלותא דכלהון
niiden kaikkien rukouksissa käyttöön paljon suitsuketta hänelle annettiin kultainen

קדישא על מדבחא דקדם כורסיא:
       valtaistuin edessä joka alttari yllä pyhien

Ja toinen enkeli tuli, ja seisoi alttarin yllä, ja hänellä oli kultainen suitsutusastia, ja hänelle annettiin paljon suitsuketta käytettäväksi alttarin yllä, niiden kaikkien pyhien rukouksissa, jotka ovat valtaistuimen edessä.

Aramea viittaa tässä jakeiden 9-15 pyhiin.

⁴ וסלק עטרא דבסמא בצלותא דקדישא מן יד מלאכא
    enkeli kädestä pyhien rukouksissa suitsukkeen savu kohosi ja

קדם אלהא:
Jumala edessä

Ja suitsukkeen savu kohosi, pyhien rukousten kanssa, enkelin kädestä Jumalan eteen.

⁵ ונסב מלאכא לפירמא ומליהי מן נורא דעל מדבחא
   alttari yllä joka tulesta täytti ja suitsutusastialle enkeli otti ja

Johanneksen ilmestys

וארמי על ארעא והוו רעמא וקלא וברקא ונודא:
<small>maanjäristyksiä ja salamoita ja ääniä ja ukkosia tuli ja maan yli heitti ja</small>

Ja enkeli otti suitsutusastian, ja täytti sen siitä tulesta, joka on alttarin yllä, ja heitti maan ylle, ja tuli ukkosia ja ääniä, ja salamoita ja maanjäristyksiä.

⁶ ושבעא מלאכין דעליהון שבעא שיפורין טיבו נפשהון
<small>sielunsa valmistivat sofarit seitsemän ne joilla enkelit seitsemän ja .</small>
למזעקו:
<small>äänen päästämään</small>

Ja seitsemän enkeliä – ne, joilla on ne seitsemän pasuunaa – valmistautuivat päästämään äänen.

⁷ והו קדמיא אזעק והוא ברדא ונורא דפתיכין במיא
<small>vedessä sekoitettu joka tuli ja rakeita tuli ja päästi äänen ensimmäinen se ja .</small>
ואתרמיו על ארעא ותולתה דארעא יקד ותולתא דאילנא
<small>puista kolmasosa ja paloi maan kolmasosa ja maan ylle heitettiin ja</small>
יקד וכל עסבא דארעא יקד:
<small>paloi maan ruoho kaiken ja paloi</small>

Ja se ensimmäinen päästi äänen, ja tuli rakeita ja tulta, veteen sekoitettua, ja ne heitettiin maan päälle, ja kolmasosa maasta paloi, ja kolmasosa puista paloi, ja kaikki maan ruoho paloi.

⁸ ודתרין זעק והוא איך טורא רבא דיקד נפל בימא והוא
<small>tuli ja meressä putosi palava valtava vuori kuin tuli ja päästi äänen toinen ja .</small>
תולתה דימא דמא:
<small>veri vesien kolmasosa</small>

Ja toinen päästi äänen, ja tuli kuin valtava, palava vuori, joka putosi mereen, ja kolmasosa vesistä muuttui vereksi.

⁹ ומית תולתא דכל בריתא דבימא דאית בה נפשא
<small>sielut siinä ovat jotka meressä jotka luotu jokaisen kolmasosa kuoli ja .</small>
ותולתא דאלפא אתחבל:
<small>tuhoutui laivojen kolmasosa ja</small>

Johanneksen ilmestys

Ja kolmasosa kaikista luoduista, joiden sielut ovat meressä, kuoli. Ja kolmasosa laivoista tuhoutui.

¹⁰ וּדתלתא זעק ונפל מן שמיא כוכבא רבא דיקד איך
    kuin palava valtava   tähti taivaista putosi ja päästi äänen kolmas ja

שלהביתא ונפל על תולתא דנהרותא ועל עינתא דמיא:
vesien   lähteet ylle ja   virtojen   kolmasosa ylle putosi ja   liekit

Ja kolmas päästi äänen, ja taivaista putosi valtava, palava tähti, kuin liekeissä, ja se putosi kolmasosaan virroista, ja vesien lähteiden ylle.

¹¹ ושמה דכוכבא מתאמר אפסיתנא והוא תולתהון דמיא
  vesien   kolmasosa   tuli ja   absintti kutsutaan   tähden nimi ja

איך אפסנתין וסוגאא דבנינשא מיתו מטל דאתמרמרו
katkeroituivat jotka tähden kuoli ihmislapsien paljon ja koiruohot kuin

מיא:
vedet

Ja tähteä kutsutaan 'Apsithnia' – ja kolmasosa vesistä muuttui kuin koiruohoksi, ja paljon ihmislapsista kuoli niiden vesien tähden, jotka muuttuivat katkeraksi.

¹² ודארבעא זעק ובלע תולתה דשמשא ותולתה דסהרא
  kuun kolmasosa ja auringon kolmasosa kulutettiin ja päästi äänen neljäs ja

ותולתא דכוכבא וחשכו תולתהון ויומא לא חוי תולתה
kolmasosa tullut ei päivä ja kolmannekset pimenivät ja   tähdet kolmasosa ja

וולליא הכות:
  samoin   yö ja

Ja neljäs päästi äänen, ja kului pois kolmasosa auringosta, ja kolmasosa kuusta, ja kolmasosa tähdistä, ja niiden kolmasosat pimenivät, eikä päivän kolmasosaa tullut, samoin yön.

¹³ ושמעת לנשרא חד דפרח בשמיא דאמר וי וי וי
   voi voi voi sanoi joka taivaissa lentäen yksi   kotka   kuulin ja

לעמוריה דארעא מן קלא דשיפורא דתלתא מלאכין
   enkelit   kolmen sofareiden äänestä   maan   asukkaille

Johanneksen ilmestys

דעתידין למזעקו:
päästää äänen tulevat jotka

Ja minä kuulin kotkan, joka lensi taivaissa, sanovan, "voi, voi, voi maan asukkaita, niiden kolmen pasuunan äänestä, joihin enkelit tulevat vielä puhaltamaan!"

Johanneksen ilmestys

Luku 9.

9 וּדחמשא זעק וחזית כוכבא דנפל מן שמיא על ארעא
. ja viides ja päästi äänen ja näin tähti joka putosi taivaista ylle maan

ואתיהב לה קלידא דבארוהי דתהומא:
ja annettiin sille avain kuopan syvyyden

Ja viides enkeli päästi äänen, ja minä näin: tähti, joka putosi taivaista maan päälle, ja sille annettiin syvyyden kuopan avain.

² וסלק תננא מן בארא איך תננא דאתונא רבא דמשתגר
. ja kohosi savu kuopasta kuin savu uunin valtava kuumennettu

וחשך שמשא ואאר מן תננא דבארא:
ja pimeni aurinko ja ilma savusta kuopan

Ja kuopasta kohosi savu, kuin valtavan, kuumennetun uunin savu, ja aurinko ja ilma pimenivät kuopan savusta.

³ ומן תננא נפקו קמצא על ארעא ואתיהב להון שולטנא
. ja -sta savu kohosi heinäsirkat yli maan ja annettiin niille voima

דאית לעקרבא דארעא:
joka on skorpioneille maan

Ja savusta kohosi heinäsirkkoja maan päälle, ja niille annettiin valta, jollainen on maan skorpioneilla.

⁴ ואתאמר להון דלא נהרון לעסבה דארעא ולכל יורק
. ja sanottiin niille ei vahingoittaa ruoholle maan ja mitään vihreää

אפלא לאילנא אלא אן לבנינשא אילין דלית להון חתמא
eikä puille mutta vain ihmislapsille ne joilla ei heille sinetti

דאלהא בית עיניהון:
Jumalan välissä silmiensä

Ja niille sanottiin, "älkää vahingoittako maan ruohoa, eikä mitään vihreää, eikä puita, ainoastaan niitä ihmislapsia, joilla ei ole otsassaan Jumalan sinettiä".

⁵ ואתיהב להון דלא נקטלון אנון אלא נשתנקון ירחא
. ja annettiin heille ei tappaa heitä mutta kärsivät kuukautta

45

Johanneksen ilmestys

חמשא ותשניקהון איך תשניקא דעקרבא מא דנפלא
viisi · ja kidutuksensa · kuin · kidutus · skorpionin · kun · joka hyökkää

על אנש:
ylle ihminen

Eikä heidän annettu tappaa heitä, vaan kärsiä viisi kuukautta, ja heidän ahdistuksensa oli kuin skorpionin ahdistus, kun se hyökkää ihmisen ylle.

Tashnika, melko harvinainen sana ahdistukselle. Sana merkitsee ensisijaisesti tukehtumista tai kuristamista. Yleensä arameassa käytetään sanaa 'ulzana' kaikesta kärsimyksestä ja ahdistuksesta.

⁶ וביומתא הנון נבעון בנינשא למותא ולא נשכחוניהי
ja päivissä · niissä · etsivät · ihmislapset · kuolemalle · eikä löydä sitä

ונתרגרגון לממת ונערוק מותא מנהון:
ja kaipaavat · kuolla · ja pakenee · kuolema · heistä

Ja niissä päivissä ihmislapset hakeutuvat kuolemalle, eivätkä sitä löydä, ja kaipaavat kuolla – ja kuolema pakenee heitä.

⁷ ודמותא דקמצא איך דמותא דרכשא דמטיבין לקרבא
ja muoto · heinäsirkkojen · kuin · muoto · hevosten · valmistetut · taistelulle

ועל רשיהון איך כלילא דדמותא דדהבא ואפיהון איך
ja yllä · päänsä · kuin · kruunut · kaltaiset · kultaisen · ja kasvonsa · kuin

אפא דאנשא:
kasvot · ihmisten

Ja heinäsirkkojen muoto oli kuin taistelulle valmistettujen hevosten muoto, ja päänsä yllä kuin kruunut, kultaisen kaltaiset, ja heidän kasvonsa olivat kuin kuolevaisten kasvot.

⁸ וסערא אית להון איך סערא דנשא ושניהון איך
ja hiukset · on · niillä · kuin · hiukset · naisten · ja hampaansa · kuin

דאריותא:
leijonien

Ja niiden hiukset olivat kuin naisten hiukset, ja hampaansa kuin leijonien.

Johanneksen ilmestys

Luku 9.

⁹ וֵאית הוא להון שרינא איך שרינא דפרזלא וקלא
    ääni ja   rautaiset rintakilvet kuin rintakilvet niillä oli on ja

דגפיהון איך קלא דמרכבתא דרכשא סגיאא דרהטין
juoksevat monien hevosten vaunujen ääni kuin siipiensä

לקרבא:
taistelulle

Ja niillä oli rintakilvet, kuin rautaiset rintakilvet, ja niiden siipien ääni oli kuin monien hevosvaunujen ääni, kun ne kiirehtivät taisteluun.

¹⁰ וֵאית להון דונביתא איך דמותא דעקרבא ועוקסא דין
  mutta pistoksen ja skorpionien kaltaisuus kuin hännät niillä on ja

בדונביתהון ושולטנהון למהרו לבנינשא ירחא חמשא:
viisi kuukautta ihmislapsille vahingoittaa valtansa ja niiden hännissä

Ja niillä on hännät, kuin skorpionin hännän kaltaiset, ja ne pistivät hännillään, ja niillä oli valta vahingoittaa ihmislapsia viisi kuukautta.

¹¹ וֵאית עליהון מלכא מלאכה דתהומא דשמה עבראית
  hebreaksi nimensä syvyyden enkeli kuningas heidän yllään on ja

עבדו וארמאית
arameaksi ja Abdo

שמא לה אית שרא:
Shra on hänelle nimi

Ja niiden kuninkaana oli syvyyden enkeli, jonka nimi on hebreaksi Abdo, ja arameaksi hänen nimensä on Shra.

Länsimaisten käännösten Abaddon on väärä sanavalinta. "Pseudo-Philo" ja monet muut teokset raamatun lisäksi osoittavat, että Abaddon on paikka, niin kuin tuonelakin (Sheol) – ei minkään henkiolennon nimi. Abaddon mainitaan VT:n puolella kuusi kertaa, mm. Job 26:6, Ps. 88:11 ja Snl. 15:11. UT:ssa mm. Matt.7:13, Apt.8:20, Room.9:22. Sana 'abdo' merkitsee työläistä tai palvelijaa, ei siis mitään tuhoajaa kontekstinkaan mukaan. Aramean Shra on 'johtaja' tai verbinä 'murtaa, hajottaa, avata solmu'.

¹² וי חד אזל הא תוב אתין תרין וי:
  voi kaksi tuleva vielä katso mennyt yksi voi

Yksi "voi" on mennyt, katso, vielä tulee kaksi "voi!"

Johanneksen ilmestys

¹³ בתר הלין מלאכא דשתא זעק ושמעת קלא חד
    yksi ääni kuulin ja päästi äänen kuudes   enkeli näiden jälkeen

מן ארבע קרנתה דמדבחא דדהבא דקדם אלהא:
    Jumala edessä joka kultainen   alttarin   sarvet   neljästä

Näiden jälkeen kuudes enkeli päästi äänen, ja minä kuulin äänen, yksi niistä neljästä sen kultaisen alttarin sarvesta, joka on Jumalan edessä.

¹⁴ דאמר למלאכא שתיתיא דאית לה שיפורא שרי
    murtaa   sofar hänelle on jolla   kuudes   enkelille sanoi joka

לארבעא מלאכא דאסירין על נהרא רבא פרת:
   Eufrat valtava   virta yllä vangitut jotka   enkelit   neljälle
                               (Nimi merkitsee 'jakaantuminen')

Joka sanoi sille kuudelle enkelille – hänelle, jolla on pasuuna – että vapauttaa ne neljä enkeliä, jotka ovat vangittuina valtavalla Eufrat-virralla.

¹⁵ ואשתריו ארבעא מלאכין אילין דמטיבין לשעתא
    hetkelle valmistetut jotka nämä   enkelit   neljä vapautettiin ja

וליומא ולירחא ולשנתא דנקטלון תולתא דבנינשא:
  ihmislapset kolmasosa   tappaa vuodelle ja kuukaudelle ja päivälle ja

Ja neljä enkeliä vapautettiin; nämä, jotka oli valmistettu sille hetkelle ja päivälle, ja kuukaudelle ja vuodelle, tappaakseen ihmislapsista kolmasosa.

¹⁶ ומנינא דחילותא דפרשא תרתין רבו רבון שמעת
   kuulin 10,000:t 10,000   kaksi hevosmiesten sotajoukon   määrä ja

מנינהון:
niiden määrän

Ja sotajoukon ratsastajien määrä oli kaksikymmentä tuhatta kertaa kymmenen tuhatta – minä kuulin niiden määrän.

¹⁷ והכנא חזית רכשא בחזוא ולדיתבין עליהון אית שרינא
  rintakilvet oli heidän yllään istuvat jotka ja näyssä   hevosia näin samoin ja

דנורא וקרכדנא דכבריתא וקרקפתא דרכשהון איך
  kuin   hevosten   päät ja   tulikiven vaaleansinisen ja tulen

Johanneksen ilmestys

Luku 9.

קרקפתא דאריותא ומן פומהון נפקא נורא וכבריתא

päät leijonien suustansa ja lähti tulta ja tulikiveä

ותננא:

ja savua

Ja samoin näin näyssä hevosia, ja niiden yllä istuvilla oli rintakilvet, tuliset ja vaaleansinistä tulikiveä, ja hevosten päät olivat kuin leijonien päät, ja niiden suusta lähti tulta ja tulikiveä ja savua.

18 ומן הלין תלת מחון אתקטלו תולתא דבנינשא ומן נורא

ja näistä kolmesta vitsaukset tapettiin kolmasosa ihmislasten ja tulesta

ומן כבריתא ומן תננא דנפק מן פומהון:

ja tulikivestä ja savusta joka lähti heidän suustaan

Ja näistä kolmesta vitsauksesta tapettiin kolmasosa ihmislapsista; tulesta ja tulikivestä ja savusta, joka lähti niiden suusta.

19 מטל דשולטנא דרכשא בפומהון ואף בדונביתהון:

sillä voiman hevosten suissansa ja myös heidän hännissään

Sillä hevosten voima on heidän suussaan, sekä heidän hännässään.

20 ושרכא דבנינשא דלא אתקטלו במחותא הלין ולא תבו

ja loput ihmislasten jotka ei tapettiin vitsauksissa nämä eikä kääntyi

מן עבד אידיהון דלא נסגדון לדיוא ולפתכרא דדהבא

teosta käsiensä heidän jotka ei palvovat riivaajille ja epäjumalille kultaisen

ודסאמא ודנחשא ודקיסא ודכאפא אילין דלא למחזא

ja hopeisen ja pronssisen ja puisen ja kallioisen nämä jotka ei näkemään

ולא למשמע מצין או למהלכו:

eikä kuulemaan kykene tai kävelemään

Ja loput ihmislapsista, joita ei tapettu näissä vitsauksissa, eivät tehneet parannusta kättensä töistä, eivätkä lakanneet palvomasta riivaajia ja kultaisia ja hopeisia, ja pronssisia ja puisia ja kivisiä epäjumalia, niitä, jotka eivät pysty näkemään eikä kuulemaan, tai kävelemään.

21 ולא תבו מן קטליהון ומן חרשיהון ומן זניותהון:

eikä kääntyneet murhaamisistaan ja pahuudestaan ja haureudestaan

Eivätkä tehneet parannusta murhaamisistaan ja pahuudestaan ja haureudestaan.

Johanneksen ilmestys

10 וחזית אחרנא מלאכא דנחת מן שמיא ומעטף עננא
        pilvi vaatteenaan ja   taivaista laskeutui enkeli toinen näin ja
וקשתא דשמיא על רשה וחזוה איך שמשא ורגלוהי
    jalkansa ja aurinko kuin olemuksensa ja pään yllä taivasten sateenkaari ja
איך עמודא דנורא:
      tulen pylväät kuin

Ja minä näin; toinen enkeli laskeutui taivaista, ja pilvi vaatteenaan, ja taivasten saateenkaari pään yllä, ja olemuksensa kuin aurinko, ja jalkansa kuin tuliset pylväät.

2 ואית לה באידה כתבונא פתיחא וסם רגלה דימינא על
      ylle   oikean   jalka asetti ja   avasi kirjakäärö kädessään hänelle on ja
ימא דסמלא דין על ארעא:
    maan ylle mutta vasemman meri

Ja hänellä oli kädessään avattu kirjakäärö, ja hän asetti oikean jalkansa meren ylle, mutta vasemman maan ylle.

3 וקעא בקלא רמא איך אריא דגסר וכד קעא מללו שבעא
   seitsemän puhui huusi kun ja karjuva leijona kuin kova äänessä huusi ja
רעמין בקליהון:
  niiden äänissä ukkoset

Ja hän huusi kovalla äänellä, kuin karjuva leijona, ja hänen huutaessaan seitsemän ukkosta puhui omilla äänillään.

4 וכד מללו שבעא רעמין מטיב הוית למכתב ושמעת קלא
  ääni kuulin ja kirjoittamaan olin valmis ukkoset seitsemän puhuneet kun ja
מן שמיא דשבעא דאמר חתום הו מא דמללו שבעא
   seitsemän puhuivat mitä se sinetöi sanoi joka seitsemäs taivaista
רעמין ולא תכתביוהי:
   sitä kirjoita äläkä ukkoset

Ja kun ne seitsemän ukkosta olivat puhuneet, minä olin valmis kirjoittamaan, ja kuulin äänen taivaista, seitsemännestä, joka sanoi, "sinetöi se, mitä ne seitsemän ukkosta puhuivat, äläkä sitä kirjoita!"

Johanneksen ilmestys

5 וּמְלָאכָא הוּ דַחֲזִית דְקָאֵם עַל יַמָא וְעַל יַבְשָׁא דְאָרִים
               kohottaen kuivan maan yllä ja   meri   yllä   seisoi näin jonka   se   enkeli ja
אִידֵהּ לִשְׁמַיָא:
taivaisiin   kätensä

Ja se enkeli, jonka näin seisovan meren yllä ja maan yllä, kohotti kätensä taivaisiin;

6 וִימָא בְּהוּ דְחָי לְעָלַם עָלְמִין הוּ דְבָרָהּ לִשְׁמַיָא וּדְבָהּ
        siinä on ja taivaille luonut joka hän iankaikkisuuksiin aina elää joka hänessä vannoi ja
וּדְאַרְעָא וּדְבָהּ דְתוּב זַבְנָא אֵלָא נֶהְוֵא:
oleva   ei   aikaa enää että on siinä ja   maalle ja

Ja vannoi hänessä, joka elää iankaikkisesta iankaikkisuuksiin, hän, joka on luonut taivaat, ja mitä niissä on, ja maan ja siinä olevat, että aikaa ei ole enää oleva.

7 אֵלָא בְּיוֹמָתָא דְמַלְאכָא דְשַׁבְעָא מָא דְעָתִיד לְמֶזְעַק
         ääntelee   tuleva   kun   seitsemäs   enkelin   päivissä   mutta
וְאֶשְׁתַּלַם אֲרָזֵה דַאלָהָא הוּ דְסַבַּר לְעַבְדוֹהִי נְבִיֵא:
profeetat hänen palvelijoilleen julisti   hän   Jumalan salaisuus   täyttyvä ja

Mutta niinä päivinä, kun seitsemäs enkeli tulee päästämään pasuunan äänen, on täyttyvä Jumalan salaisuus, jonka hän on julistanut palvelijoilleen profeetoille.

8 וְקָלָא שִׁמְעֵת מִן שְׁמַיָא תּוּב דַמְמַלֵל עַמִי וְאָמַר זֶל סַב
        ota mene sanoi ja kanssani puhui joka   jälleen   taivaista   kuulin   ääni ja
לִכְתָבוּנָא דְבְאִידֵהּ דְמַלְאכָא דְקָאֵם עַל אַרְעָא וְעַל יַמָא:
meri yllä ja   maa   yllä seisoo joka   enkelin kädessä joka   kirjakäärölle

Ja taas minä kuulin taivaista äänen, joka puhui kanssani, ja sanoi, "mene, ota se kirjakäärö sen enkelin kädestä, joka seisoo maan yllä ja meren yllä."

9 וְאֶזְלֵת לְוָת מַלְאכָא כַּד אָמַר אֲנָא לֵהּ לְמֶתַּל לִי לִכְתָבוּנָא
        kirjakäärölle minulle   anna   hänelle   minä sanoin   kuin   enkeli   luokse meninjä
וְאָמַר לִי סַב וְאָכוֹלַיְהִי וְנֶמַר לָךְ כַּרְסָךְ אֵלָא בְּפוּמָךְ
suussasi   mutta vatsasi sinulle katkera on   se   syö   ja ota minulle sanoi ja

Johanneksen ilmestys

נהוא איך דבשא:
oleva kuin hunajan

Ja minä menin sen enkelin luokse, ja sanoin hänelle, "anna minulle se kirjakäärö." Ja hän sanoi minulle, "ota ja syö. Se on katkeraa vatsallesi, mutta suussasi oleva kuin hunajaa."

¹⁰ונסבת לכתבונא מן אידה דמלאכא ואכלתה ואית הוא
ja otin kirjakäärölle kädestä enkelin ja söin sen ja se oli

בפומי איך דבשא חליא וכד אכלתה מרת כרסי:
suussani kuin hunajan makea ja kun sen söin katkera vatsani

Ja minä otin kirjakäärön enkelin kädestä, ja söin sen, ja se oli suussani makea hunaja, ja kun söin sen, vatsani oli katkera.

¹¹ואמר לי יהיב לך תוב זבנא למתנביו על עממא
ja sanoi minulle annettu sinulle jälleen aika profetoida ylle kansat

ואמותא ולשנא ומלכא סגיאא:
ja ihmiset ja kielet ja kuninkaat monet

Ja hän sanoi minulle, "Sinulle on taas annettu aika profetoida ylle kansojen ja ihmisten, ja kielien ja monien kuninkaiden."

Johanneksen ilmestys

Luku 11.

11 וַאֵתִיהֵב לִי קַנְיָא דְמוּתָא דְשַׁבְטָא וְקָאֵם הוָא מַלְאֲכָא
. ja minulle annettiin ruoko kaltainen sauvan ja seisoi oli enkeli

וֵאמַר קוּם וּמְשׁוֹח לְהֵיכְלָא דַאלָהָא וּלְמַדְבְּחָא וְלאַילֵין
ja sanoi nouse ja mittaa temppelille Jumalan ja alttarille ja nämä

דְסָגְדִין בָּה:
jotka palvovat siinä

Ja minulle annettiin ruoko, sauvan kaltainen, ja enkeli seisoi ja sanoi, "nouse ja mittaa Jumalan temppeli, ja alttari, ja ne, jotka siinä palvovat."

Mitata voi olla myös "voidella".

²וּלְדָרְתָא דְלְגוֹ מִן הֵיכְלָא אַפֵּק מִן לְבַר וְלָא תְמַשְׁחִיהּ מֵטֻל
. ja esipiha sisältä temppelistä jätä ulkopuolelta äläkä sitä mittaa koska

דְאֵתִיהֵבַת לְעַמְמָא וּלַמְדִינְתָא קַדִּישְׁתָא נְדוּשׁוּן יַרְחָא
joka annettu kansoille ja kaupunkia pyhää tallaavat kuukautta

אַרְבְּעִין וּתְרֵין:
40 ja kaksi

Ja esipiha, temppelin sisältä, jätä ulkopuolelle, äläkä sitä mittaa, sillä se on annettu muille kansakunnille, ja he tallaavat pyhyyden kaupunkia neljäkymmentä kaksi kuukautta.

³וֵאתֵל לִתְרֵין סָהְדַי לְמֵתְנַבָּיוּ יוֹמִין אֶלֶף וּמָאתֵין וְשִׁתִּין כַּד
ja annan kahdelle todistajani profetoida päiviä tuhat ja 200 ja 60 kun

עֲטִיפִין סַקָּא:
pukeutuneet säkkipuku

Ja minä annan kahden todistajani profetoida 1260 päivää, säkkipukuun pukeutuneina.

⁴הָלֵין אֶנוּן תְּרֵין זֵיתִין וְתַרְתֵּין מְנָרָן דַקְדָם מָרֵא דְכָלָה
. nämä ovat kaksi öljypuut ja kaksi ne menorat jotka edessä Herran kaiken

אַרְעָא קָיְמִין:
maan seisovat

Nämä ovat kaksi öljypuuta, ja ne kaksi menoraa, jotka seisovat kaiken maan Herran edessä.

Johanneksen ilmestys

⁵ וּמן דבעא דנהר אנון נפקא נורא מן פומהון ואכלא
     syö ja   suustaan   tuli   lähtee heitä vahingoittaa tahtoo kuka ja

לבעלדבביהון ולאינא דצבא דנהר אנון הכן יהיב
annettu niin heitä vahingoittaa haluavat jotka nuo ja heidän vastustajilleen

להון למתקטלו:
tapettavaksi tulla heille

Ja jos joku tahtoo vahingoittaa heitä; tuli lähtee heidän suustaan ja syö heidän vastustajansa ja ne, jotka haluavat heitä vahingoittaa. Näin heille on säädetty tulla tapettavaksi.

⁶ והלין אית להון שולטנא דנאחדון לשמיא דלא נחות
   laskeudu ettei   taivaille   sulkea   valta   heille   on näillä ja

מטרא ביומתא דנביותהון ואית להון שולטנא דנהפכון מיא
vesi   muuttaa   valta heille on ja   profetioiden   päivissä   sade

לדמא ודנמחון לארעא בכל מחון כמא דנצבון:
haluavat paljon kuin vitsaukset kaikissa maalle lyödä ja verelle

Ja näillä on valta sulkea taivaat, ettei sade laskeudu heidän profetoimisensa päivinä, ja heillä on valta muuttaa vesi vereksi ja lyödä maata kaikilla vitsauksilla, niin paljon kuin haluavat.

⁷ ומא דשמליו סהדותהון חיותא דסלקא מן ימא תעבד
  tekevät   merestä   nouseva   olento todistamisensa täyttyneet kun ja

עמהון קרבא ותזכא אנון ותקטול אנון:
heidät   tappaa ja heidät voittava ja   sota kanssaan

Ja kun heidän todistamisensa ovat täyttyneet, merestä on nouseva olento, joka sotii heitä vastaan, ja voittaa heidät, ja tappaa heidät.

Olento, cheivtaa, חיותא, käännetään usein pedoksi, Dan.7 ym. Mutta onko sitten luvussa neljä valtaistuimen ympärilläkin petoja? Entä Hes.1 ? Olento on parempi vaihtoehto. Itse asiassa esitän väitteen, että koko "peto" on käännösvirhe, joka on saanut alkunsa virheellisestä KJV 'beast' –tulkinnasta. Beast ei tarkoita mitään pelottavaa petoa, ja niin kuin näemme, ei Johanneskaan kokenut olentoa pelottavana. Sama koskee Danielia. Jumalan läsnäolo ja näyt Messiaasta saivat pelkäämään. Tällainen tulkinta tietysti loukkaa kaikkia peto-teorioiden kannattajia, mutta näin asia menee. Sanan 'beast' ensisijainen merkitys on eläin. Dan.7:11 olento on muuten naispuolinen, tätäkään petoanalyytikot eivät mainitse...

Johanneksen ilmestys

Luku 11.

⁸ וֹשׁלדיהון על שוקא דמדינתא רבתא אידא דמתקריא
kutsutaan   jota   valtavan   kaupungin   katu ylle heidän ruumiinsa ja

רוחנאית סדום ומצרין איכא דמרהון אצטלב:
ristiinnaulittiin   Herransa   jossa   Mizrain ja   Sodom   hengellisesti

Ja heidän ruumiinsa ovat sen valtavan kaupungin kadun päällä, jota hengellisesti kutsutaan Sodom ja Mizrain, jossa heidän Herransa ristiinnaulittiin.

Tsaalev, ristiinnaulitseminen, on ilmeisesti hebrean sana, Delitsch käyttää sitä usein. Peshitta käyttää ristiinnaulitsemisesta useimmiten verbiä אזדקף. Tsaalev, tai tässä 'tsetaalev' on periaatteessa 'sydäntä vastaan sotimista'.

⁹ וחזין מן אמותא ושרבתא ולשנא ועממא לשלדיהון
heidän ruumiillensa kansakunnat ja   kielet ja sukukunnat ja   kansoista   katsovat ja

תלתא יומין ופלגה ולשלדיהון לא נשבקון למתתסמו
laittaa   salli   eivät heidän ruumiillensa ja   puoli ja   päiviä   kolme

בקברא:
haudoissa

Ja kansat ja sukukunnat, ja kielet ja kansakunnat, katsovat heidän ruumiitaan kolme ja puoli päivää, eivätkä salli heidän ruumiitaan laittaa hautoihin.

Jotkut uskonnolliset liikkeet opettavat, että Sheol tarkoittaa hautaa. Asia ei ole näin! Hauta on kevar, sekä hebreassa että arameassa. Sheol on kuoleman jälkeinen paikka, niin kuin myös Abaddon.

¹⁰ ועמוריה דארעא נחדון עליהון ונתפצחון ומוהבתא
lahjoja ja   juhlivat ja heidän ylleen iloitsevat   maan   asukkaat ja

נשדרון לחדדא מטל תרין נביין דשנקו לעמוריה דארעא:
maan   asukkaille   vaivasivat profeetat kahden tähden   toisilleen   lähettävät

Ja maan asukkaat iloitsevat heistä, ja juhlivat, ja lähettävät lahjoja toisilleen näiden kahden profeetan tähden, jotka vaivasivat maan asukkaita.

¹¹ ומן בתר תלתא יומין ופלגה רוחא חיתא מן אלהא עלת
astui   Jumalasta   elävä henki   puoli ja   päivää   kolme   jälkeen ja

בהון וקמו על רגליהון ורוחא דחיא נפלת עליהון ודחלתא
pelko ja heidän ylle   lankesi elämän   henki ja   jaloillaan yllä seisoivat ja heissä

55

Johanneksen ilmestys

רבתא הות על אילין דחזין להון:
heidät näkivät jotka näiden ylle tuli valtava

Ja kolmen ja puolen päivän jälkeen heidän sisäänsä astui Jumalasta elävä henki, ja he seisoivat jaloillaan, ja elämän henki lankesi heidän ylleen, ja tuli valtava pelko niiden ylle, jotka näkivät heidät.

¹² ושמעו קלא רבא מן שמיא דאמר להון סקו לכא וסלקו
kohosivat ja tänne nouskaa heille sanoi joka taivaista valtava ääni kuulivat ja

לשמיא בעננא ומצדין בהון בעלדבביהון:
heidän vastustajansa heitä katselivat ja pilvessä taivaille

Ja he kuulivat taivaista valtavan äänen, joka sanoi heille, "nouskaa tänne!". Ja he kohosivat pilvessä taivaille, ja heidän vastustajansa katselivat heitä.

¹³ ובשעתא הי הוא זועא רבא וחד מן עסרא דמדינתא
kaupunkien kymmenestä yksi ja valtava maanjäristys oli se silloin ja

נפלו ואתקטלו בזועא שמהא גברא אלפא שבעא
seitsemän tuhat miehiä nimi maanjäristyksessä tapettiin ja sortui

ודשרכא הוו בדחלתא ויהבון תשבוחתא לאלהא דבשמיא:
taivaissa joka Jumalalle kunnia antoivat ja pelossa olivat loput ja

Ja siinä hetkessä oli valtava maanjäristys, ja kymmenesosa kaupungeista sortui, ja maanjäristyksessä tapettiin nimekkäitä miehiä seitsemän tuhatta, ja muut olivat pelossa ja antoivat kunnian Jumalalle, joka on taivaissa.

¹⁴ הא תרין וי אזלו והא וי דתלתתא אתא מחדא:
pian tulee kolmas voi katso ja mennyt voi kaksi katso

Katso, kaksi "voi!" on mennyt, ja katso, kolmas "voi!" tulee pian!

¹⁵ ומלאכא דשבעא זעק והוו קלא רורבא בשמיא דאמרין
sanoi joka taivaissa valtavat äänet oli ja päästi äänen seitsemäs enkeli ja

הות מלכותה דעלמא דאלהן ודמשיחה ואמלך לעלם
iankaikkisuudelle hallitseva ja Messiaansa ja Jumalamme maailman kuningaskunta tullut

עלמין:
iankaikkisuuksiin

Johanneksen ilmestys

Ja seitsemäs enkeli päästi pasuunan äänen, ja taivaissa oli valtavat äänet, jotka sanoivat, "meidän Jumalamme ja hänen Messiaansa iankaikkinen kuningaskunta on tullut, ja he hallitsevat aina ja iankaikkisesti!"

Tässä jälleen, 'alma voidaan kääntää maailmaksi tai ikuiseksi.

¹⁶ וְעַסְרִין וְאַרְבְּעָא קַשִׁישָׁא אִילֵין דְּקַדָם אֱלָהָא יָתְבִּין עַל
. ja kaksikymmentä ja neljä vanhimmat nämä jotka edessä Jumala istuvat yllä

כּוּרְסַוָתְהוֹן נְפַלוּ עַל אַפַּיְהוֹן וּסְגֶדוּ לַאלָהָא:
valtaistuimilla kaatuivat kasvojensa ylle ja palvoivat Jumalalle

Ja kaksikymmentä neljä vanhinta, nämä, jotka ovat Jumalan edessä, istuvat valtaistuimiensa yllä, kaatuivat kasvoilleen ja palvoivat Jumalaa.

¹⁷ לְמֵאמַר מוֹדֵינַן לָךְ מָרְיָא אֱלָהָא אַחִיד כֹּל דְּאִיתוֹהי
. sanoen kiitämme sinua Herra Jumala ylläpitää kaikki joka on

וְאִיתוֹהי הוָא דַּנְסַבְתְּ בְּחַילָךְ רַבָּא וְאַמְלֵכְתְּ:
ja ollut on sillä ottanut voimasi valtava ja hallitseva

Sanoen, kiitämme sinua, Herra Jumala, kaiken ylläpitäjä, joka on, ja on ollut, sillä olet ottanut valtavan voimasi ja sinä hallitset.

¹⁸ וְעַמְמֵא רְגֵזוּ וְאֵתָא רוּגזָךְ וְזַבְנָא דְּמִיתֵא דְּנֵתְדִינוּן וְתֵתֵּל
. ja kansakunnat vihaiset ja tullut vihasi ja aika kuolleiden tuomittavaksi ja annat

אַגְרָא לְעַבְדַּיךְ נְבִיֵא וּלְקַדִּישֵׁא וּלְדָחְלַי שְׁמָךְ לִזְעוּרֵא עַם
palkan palvelijoillesi profeetat ja pyhille ja pitäneet jotka nimesi vähäiselle kanssa

רַוּרְבֵא וּתְחַבֵּל לְאִילֵין דְּחַבֵּלוּ לְאַרְעָא:
valtava ja tuhoat nuo jotka turmelleet maalle

Ja kansakunnat vihastuivat, ja sinun vihasi on tullut, ja on aika tuomita kuolleet, ja antaa palkka palvelijoillesi profeetoille, ja pyhille, ja niille, jotka ovat pitäneet nimesi, vähäisille kuin suuriarvoisillekin, ja sinä tuhoat nuo, jotka ovat turmelleet maan.

¹⁹ וְאֶתְפְּתַח הַיכְּלָא בַּשְׁמַיָא וְאֶתחַזיַת קִיבוּתָא דִּדיָתֵקֵא
. ja avattiin temppeli taivaissa ja tuli näkyväksi arkki liiton

דִּילֵה בְּהַיכְּלָא וַהוַוֹ בַּרְקֵא וְרַעמָא וְקָלֵא וְנוֹדָא וּבַרדָא רַבָּא:
hänen temppelissä ja oli salamat ja ukkoset ja äänet ja maanjäristykset ja rakeet valtava

Ja temppeli taivaissa avattiin, ja hänen liittonsa arkki tuli näkyviin temppeliin, ja oli salamoita ja ukkosia, ja ääniä ja maanjäristyksiä, ja valtavia rakeita.

Johanneksen ilmestys

12 וְאָתָא רַבְתָא אִתְחֲזִית בִּשְׁמַיָּא אִנְתְּתָא דַעֲטִיפָא
          pukeutuneena   vaimo   taivaissa   ilmestyi   valtava merkki ja

שִׁמְשָׁא וְסַהֲרָא תְּחֵית רַגְלֵיהּ וּכְלִילָא דְכוֹכְבָא
tähtien kruunu ja jalkojensa alla   kuu ja aurinko

תְּרֵעְסַר עַל רֵישָׁהּ:
pään yllä kaksitoista

Ja ilmestyi valtava merkki taivaissa; vaimo, pukeutuneena aurinkoon, ja kuu jalkojensa alla, ja pään yllä kruunu, jossa kaksitoista tähteä.

² וּבְטֻנָא וְקַעְיָא וּמֵחַבְלָא אַף מִשְׁתַּנְקָא דְתֵאלַד:
synnyttää vaikea myös synnyttämässä ja huusi ja raskaana ja

Ja hän oli raskaana ja huusi, ja hän oli synnytystuskissa; oli vaikea synnyttää.

Chavel, synnytystuskat. TgJer.48:41, 49:22, Matt24:8, Mark. 13:8 ja Room.8:22. Myös juutalaisten opetuksen mukaan "kärsimykset, jotka edeltävät Messiaan tuloa" (Tract Sanhedrin, Talmud Bavli).

³ וְאִתְחֲזִית אָתָא אַחֲרֵתָא בִּשְׁמַיָּא וְהָא תְּנִינָא רַבָּא דְנוּרָא
  tulinen valtava lohikäärme katso ja   taivaissa   toinen   merkki   ilmestyi ja

דְאִית לֵהּ שַׁבְעָא רֵישִׁין וְעֶסֶר קַרְנָתָא וְעַל רֵישׁוֹהִי
päissään yllä ja sarvia kymmenen ja päätä seitsemän hänelle on jolla

שַׁבְעָא תָּאגִין:
kruunut seitsemän

Ja ilmestyi toinen merkki taivaissa, ja katso, valtava, tulinen lohikäärme, jolla on seitsemän päätä ja kymmenen sarvea ja päidensä yllä seitsemän kruunua.

⁴ וְדוּנְבֵהּ גְרַשׁ לִתְלָתָא דְכוֹכְבָא דְבִשְׁמַיָא וַאֲרַמִי אִנוּן עַל
ylle ne heitti ja taivaissa jotka   tähtien   kolmasosalle   veti häntänsä ja

אַרְעָא וְתְנִינָא קָאֵם הוּא קֳדָם אִנְתְּתָא דַעֲתִידָא דְתֵאלַד
synnyttää valmiina joka   vaimon edessä   oli seisoi lohikäärme ja   maan

דְמָא דִילְדַת נֵאכְלֻוהִי לִבְרַהּ:
pojalle se söisi synnytetyn kun että

Johanneksen ilmestys

Ja sen häntä veti mukaansa kolmasosan taivaan tähdistä, ja heitti ne maan päälle, ja lohikäärme seisoi vaimon edessä, joka oli valmiina synnyttämään, että se söisi sen synnytetyn poikalapsen.

⁵ וילדת ברא דכרא הו דעתיד למרעא לכלהון עממא
kansakunnat ne kaikki paimentava tuleva joka hän miespuolinen poika synnytti ja .

בשבטא דפרזלא ואתחטף ברה לות אלהא ולות כורסיה:
valtaistuimen luokse ja   Jumala luokse poika temmattiin ja   rautaisen   sauvassa

Ja hän synnytti pojan, miespuolisen, hänet, joka on tuleva paimentamaan kaikkia kansakuntia rautaisella sauvalla. Ja poika temmattiin Jumalan luokse, ja hänen valtaistuimensa luokse.

⁶ ואנתתא ערקת לחורבא אתר דאית הוא לה תמן דוכתא
paikka siellä hänelle oli siellä missä erämaalle pakeni vaimo ja .

דמטיבא מן אלהא דנתרסונה יומין אלף ומאתין ושתין:
60 ja 200 ja tuhat päivät säilyisi että Jumalasta valmistama

Ja vaimo pakeni erämaahan, missä hänelle oli Jumalan valmistama paikka, että hän säilyisi 1260 päivää.

Choreba, erämaa, "Hooreb", kuuma ja kuiva, hävitetty ja autio. TgPs.90:6, TgEz.29:10.

⁷ והוא קרבא בשמיא מיכאיל ומלאכוהי מקרבין עם
kanssa taistelivat enkelinsä ja Mikail taivaissa sota oli ja .

תנינא ותנינא ומלאכוהי אקרבו:
taistelivat enkelinsä ja lohikäärme ja lohikäärme

Ja oli sota taivaissa; Mikail ja hänen enkelinsä taistelivat lohikäärmettä vastaan, ja lohikäärme ja hänen enkelinsä taistelivat.

⁸ ולא אתמציו ולא אתרא אשתכח להון בשמיא:
taivaissa heille löytynyt paikkaa eikä voittaneet eikä .

Eivätkä he voittaneet, eikä heille löytynyt paikkaa taivaissa.

⁹ ואתרמי תנינא רבא הו חויא רשא הו דמתקרא
kutsutaan hän pää käärme hän valtava lohikäärme heitettiin alas ja .

אכלקרצא וסטנא הו דאטעי לכלה ארעא ואתרמי
heitettiin ja   maan kaiken ylle   pettäjä hän satana ja   paholainen

59

Johanneksen ilmestys

עַל אַרְעָא וּמַלְאָכוּהִי עִמֵּהּ אִתְרְמִיו:
heitettiin   kanssaan   enkelinsä ja   maan   ylle

Ja valtava lohikäärme heitettiin alas, hän, joka on pääkäärme; hän, jota kutsutaan paholaiseksi ja satanaksi, hän, kaiken maan pettäjä, ja hänet heitettiin maan päälle, ja hänen enkelinsä heitettiin hänen kanssaan.

¹⁰ וְשִׁמְעֵת קָלָא רַבָּא מִן שְׁמַיָּא דְּאָמַר הָא הוּא שַׁוְזְבָא
vapautus   on nyt   sanoi joka   taivaista   valtava   ääni   kuulin ja   .

וְחֵילָא וּמַלְכּוּתָא דַּאֲלָהַן דְּאַתְרְמִי מְסוֹרָא דְּאַחַיִן הוּ
hän   veljien   syyttäjä   heitetty alas   Jumalamme kuningaskunta ja   valta ja

דְּמַסַּר הוּא לְהוֹן לֵלְיָא וְאִימָמָא קֳדָם אֱלָהַן:
Jumalamme edessä   päivät ja   yöt   heitä   hän   syytti

Ja minä kuulin valtavan äänen taivaista, joka sanoi, "nyt on vapautus ja valta, ja kuningaskunta meidän Jumalamme, sillä veljien syyttäjä on heitetty alas! Hän syytti heitä yöt ja päivät meidän Jumalamme edessä."

¹¹ וְהֶנּוֹן זְכוֹ בִּדְמָא דְּאֶמְרָא וּבְיַד מֶלְּתָא דְּסָהֲדוּתְהוֹן וְלָא
eikä   todistuksensa   sanan kautta ja   karitsan veressä voittivat nämä ja   .

אַחֵבוּ נַפְשְׁהוֹן עֲדַמָּא לְמוֹתָא:
kuolemalle   saakka   sielujaan rakastaneet

Ja nämä voittivat karitsan veressä, ja hänen todistuksensa sanan kautta, eivätkä rakastaneet sielujaan, kuolemaan saakka.

¹² מֶטֻּלְהָנָא שְׁמַיָּא אֶתְפַּצַּחוּ וְאַיְלֵין דְּבְהוֹן שָׁרֵין וָי לְאַרְעָא
maalle voi   kulkevat niissä jotka   nämä ja   juhlikaa   taivaat   sen tähden   .

וּלְיַמָּא עַל דִּנְחֵת אָכֶלְקַרְצָא לְוָתְהוֹן דְּאִית לֵהּ חֶמְתָא רַבְּתָא
valtava   raivo   sille   on jolla   heille   paholainen laskeutunut joka   ylle merelle ja

כַּד יָדַע דִּקְלִיל זַבְנָא אִית לֵהּ:
hänelle   on   aikaa vähän   että   tuntee   kuin

Sen tähden juhlikaa, taivaat, ja te, jotka niissä kuljette! Voi maata ja merta, joiden ylle paholainen on laskeutunut! Hän, jolla on heitä kohtaan valtava raivo, sillä hän tuntee, että hänellä on vähän aikaa.

Johanneksen ilmestys

Luku 12.

¹³ וכד חזא תנינא דאתרמי על ארעא רדף לאנתתא אידא
    ja kun näki lohikäärme että heitetty alas maan ylle vainosi vaimolle joka

דילדת דכרא:
miespuolen synnyttänyt

Ja kun lohikäärme näki, että hänet oli heitetty alas, maan päälle, hän vainosi vaimoa, joka oli poikalapsen synnyttänyt.

¹⁴ ואתיהב לאנתתא תרין גפין דנשרא רבא דתפרחי
    ja annettiin vaimolle kaksi siivet kotkan valtava lentäen

לחורבא לדוכתה למתרסיו תמן עדן עדנין ופלגות
erämaalle paikalle säilytettäväksi siellä aika ajat ja puoli

עדן מן קדם אפוהי דחויא:
aika edestä kasvot käärmeen

Ja vaimolle annettiin kaksi valtavaa kotkan siipeä, että lentäisi erämaahan, paikkaan, jossa häntä säilytetään aika, ajat ja puoli aikaa, käärmeen kasvojen edestä.

¹⁵ וארמי חויא מן פומה בתר אנתתא מיא איך נהרא
    ja heitti käärme suustaan perään vaimo vesi kuin virta

דשקילת מיא נעבדיה:
että veisi pois vesi orjuuteen

Ja käärme heitti suustaan vaimon perään vettä, kuin virran, että vesi veisi pois, orjuuteen.

Ihmettelen todella, miksi viimeinen sana puuttuu käännöksistä!

¹⁶ ועדרת ארעא לאנתתא ופתחת ארעא פומה ובלעתה
    ja auttoi maa vaimolle ja avasi maa suunsa ja nielaisi

לנהרא הו דארמי תנינא מן פומה:
virralle sen jonka heitti lohikäärme suustaan

Ja maa auttoi vaimoa, ja avasi suunsa ja nielaisi virran, sen, jonka lohikäärme heitti suustaan.

¹⁷ ורגז תנינא על אנתתא ואזל למעבד קרבא עם שרכא
    ja raivosi lohikäärme ylle vaimo ja meni tekemään sotaa kanssa jäännös

Johanneksen ilmestys

Luku 12.

דזרעה הלין דנטרין פוקדנוהי דאלהא ואית להון
heille   on ja   Jumalan   käskyt pitävät jotka   nämä   poikansa

סהדותה דישוע:
Jeshuan   todistus

Ja lohikäärme raivosi vaimolle, ja meni sotimaan hänen poikansa jäännöstä vastaan – niitä, jotka pitävät Jumalan käskyt, ja joilla on Jeshuan todistus.

Huom. jae- ja lukujako, sekä persoonan muutos tässä kreikan tekstiin verrattuna. "Ja minä seisoin meren hiekalla, ja näin merestä nousevan olennon..." :

Johanneksen ilmestys

Luku 13.

13 וקמת על חלא דימא וחזית דסלקא חיותא מן ימא
seisoin ja meren hiekan yllä ja näin merestä nouseva olennon merestä
דאית לה עסר קרנן ושבע קרקפן ועל קרנתה עסרא
jolla on hänelle kymmenen sarvet ja seitsemän päätä ja sarvet kymmenen
תאגין ועל קרקפתה שמא דגודפא:
kruunua ja yllä päidensä nimi pilkan

Ja minä seisoin meren hiekalla, ja näin merestä nousevan olennon, jolla oli kymmenen sarvea ja seitsemän päätä, ja sarvien yllä kymmenen kruunua, ja päidensä yllä pilkan nimi.

² וחיותא הי דחזית דמותא הות דנמרא ורגליה איך דדבא
ja olento se jonka näin kaltainen oli leopardin ja jalkansa kuin karhun
ופומה איך דאריותא ויהב לה תנינא חילה וכורסיה
ja suut kuin leijonien ja antoi hänelle lohikäärme voimansa ja valtaistuimensa
ושולטנא רבא:
ja valtansa suuren

Ja olento – se, jonka näin – oli leopardin kaltainen, ja jalkansa kuin karhun, ja suut kuin leijonien, ja lohikäärme antoi hänelle voimansa ja valtaistuimensa, ja suuren valtansa.

³ וחדא מן קרקפתה איך פעיעתא למותא ומחותא דמותה
ja yksi päistä kuin murskaantui kuolemalle ja haava kuolettava
אתאסית ואתדמרת כלה ארעא בתר חיותא:
parantui ja ihmetteli kaikki maa perään olennon

Ja yksi päistä murskaantui, kuin kuolemalle, ja tuo kuolettava haava parantui, ja kaikki maa ihmetteli olentoa.

⁴ וסגדו לתנינא דיהב שולטנא לחיותא וסגדו לחיותא
ja palvoivat lohikäärmeelle joka antaa valta olennolle ja palvoivat olennolle
למאמר מנו דדמא לחיותא הדא ומנו משכח למקרבו עמה:
sanoen kuka joka kuin olennolle tämä ja kuka kykenee sotimaan kanssa

Ja he palvoivat lohikäärmettä, joka antaa vallan olennolle, ja he palvoivat olentoa, sanoen, "kuka on kuin tämä olento, ja kuka kykenee sotimaan sitä vastaan?"

Johanneksen ilmestys

⁵ ואתיהב לה פומא דממלל רורבתא וגודפא ואתיהב לה
    hänelle annettiin ja pilkkaa ja suuria asioita puhuu joka   suu hänelle annettiin ja

שולטנא למעבד ירחא ארבעין ותרין:
                      kaksi ja   40   kuukautta työskennellä   valta

Ja hänelle annettiin suu, joka puhuu suuria, ja pilkkaa, ja hänelle annettiin valta työskennellä 42 kuukautta.

⁶ ופתחת פומה למגדפו קדם אלהא דתגדפי בשמא
         nimessä   pilkaten Jumala edessä pilkkaamaan suunsa   avasi ja

ובמשריא דאילין דשרין בשמיא:
            taivaissa asustavat jotka   niiden   asumusta ja

Ja se avasi suunsa pilkkaamaan Jumalan edessä, pilkaten sitä nimeä, ja niiden asumusta, jotka taivaissa asustavat.

⁷ ואתיהב לה למעבד קרבא עם קדישא ולמזכא אנון
    heidät   voittaa ja   pyhien kanssa sotaa tekemään hänelle annettiin ja

ואתיהב לה שולטנא על כלהין שרבתא ואמותא ולשנא
    kielet ja   ihmiset ja   sukupolvet ne kaikki yli   valta hänelle annettiin ja

ועממא:
kansakunnat ja

Ja sille annettiin, että sotii pyhiä vastaan, ja voittaa heidät, ja hänen valtaansa annettiin kaikki sukukunnat ja ihmiset, ja kielet ja kansakunnat.

⁸ ונסגדון לה כלהון עמוריה דארעא הנון אילין דלא
          eivät   jotka   nämä   maan   asukkaat ne kaikki hänelle palvovat ja

כתיבין בכתבא דחיא הו דאמרא קטילא קדם תרמיתה
perustaminen ennen   tapettu   karitsan hän elämän   kirjassa kirjoitetut

דעלמא:
maailman

Ja häntä palvovat ne kaikki maan asukkaat, ne, jotka eivät ole kirjoitetut hänen, tapetun karitsan, elämän kirjassa, ennen maailman perustamista.

Johanneksen ilmestys

Luku 13.

⁹ מן דאית לה אדנא נשמע:
kuulkoon   korva   hänelle   on jolla

Jolla on korva, kuulkoon!

¹⁰ מן דבשביא מובל בשביא אזל ואינא דבחרבא קטל
tappaa miekassa joka   se ja   menee vankeudessa   vie   vankeuteen kuka

בחרבא נתקטל הרכא הי הימנותא ומסיברנותא דקדישא:
pyhien   kärsivällisyys ja   usko on   tämä   tapettava   miekassa

Kuka vankeuteen vie, vankeuteen menee, joka miekalla tappaa, se tapetaan. Tämä on pyhien usko ja kärsivällisyys.

¹¹ וחזית חיותא אחרתא דסלקא מן ארעא ואית הוא לה
hänelle oli   se ja   maasta   kohosi   toinen   olento   näin ja

תרתין קרנן ודמיא לאמרא וממללא הות איך תנינא:
lohikäärme   kuin   oli   puhui ja   karitsalle kaltainen ja   sarvet   kaksi

Ja minä näin; maasta kohosi toinen olento, ja sillä oli kaksi sarvea, ja se oli karitsan kaltainen, ja se puhui kuin lohikäärme.

Huom., "...sillä oli kaksi sarvea, ja se oli karitsan kaltainen, ja se puhui kuin lohikäärme." Selkeä ero muihin teksteihin.

¹² ושולטנא דחיותא קדמיתא כלה תעבד קדמוהי ותעבד
tekevä   edessään harjoittaa kaikkea ensimmäinen   olennon   valtaa ja

לארעא ולדעמרין בה ונסגדון לחיותא קדמיתא הי
hänen ensimmäinen   olennolle palvomaan siinä   asuvat ja   maan

דאתחלמת מחותא דמותה:
kuoleman   haava   parantui jonka

Ja se harjoittaa edessään kaikkea ensimmäisen olennon valtaa, ja saa maan ja siinä asuvat palvomaan olentoa, sitä ensimmäistä, jonka kuoleman haava parantui.

¹³ ותעבד אתותא רורבתא איכנא דנורא תעבד למחת
laskeutuva   tekee   tulen   niin   valtavia   merkkejä   tekevä ja

מן שמיא על ארעא קדם בנינשא:
ihmislapset   edessä   maan   ylle   taivaista

Johanneksen ilmestys

Ja se on tekevä suuria merkkejä, niin että saa tulen laskeutumaan taivaasta maan päälle, ihmislasten edessä.

¹⁴ ותטעא לדעמרין על ארעא ביד אתותא דאתיהב לה
  hänelle annettiin jotka merkit kautta maan ylle asuville viettelevä ja

למעבד קדם חיותא למאמר לדעמרין על ארעא למעבד
tekemään maan ylle asuville käskee olento edessä tekemään

צלמא לחיותא אידא דאית לה מחותא דחרבא וחית:
eli ja miekan haava hänelle oli joka se olennolle patsas

Ja se viettelee maan asukkaat merkkien kautta, jotka hänelle annettiin tehtäväksi olennon edessä. Se käskee maan päällä asuvia tekemään patsaan sille olennolle – hänelle, jolla oli se miekan haava, ja joka jäi eloon.

¹⁵ ואתיהב לה דתתל רוחא לצלמא דחיותא ותעבד דכל
   kaikkien tekee ja olennon patsaalle henki antaa hänelle annettiin ja

דלא נסגדון לה לצלמא דחיותא נתקטלון:
tapettaisiin olennon patsaalle hänelle palvovat ei jotka

Ja hänelle annettiin, että antaa hengen sille olennon patsaalle, ja saa aikaan, että kaikki, jotka eivät palvo sitä olennon patsasta, tapettaisiin.

¹⁶ ותעבד לכלהון זעורא ורורבא עתירא ומסכנא מריא
   herrat köyhät ja rikkaat suuret ja vähäiset ne kaikki tekevä ja

ועבדא דנתיהב להון רושמא על אידיהון דימינא או על
ylle tai oikeaan käsiinsä ylle merkki heille annetaan että palvelijat ja

בית עיניהון:
silmiensä välissä

Ja se on tekevä, että kaikki, vähäiset ja suuret, rikkaat ja köyhät, herrat ja palvelijat, heille annetaan merkki oikeisiin käsiin tai otsiinsa.

Merkki, rushma, on kirjoitukseen viittaava merkki, jokin polttomerkki tai tatuointi, ei tavallinen 'merkki', jonka perusmuoto on את – alef ja tav. TgEx.21:25, TgIs.3:24, TgEst.3:12. Teksti antaa ymmärtää, että tuo merkki otetaan vapaaehtoisesti.

¹⁷ דלא אנש נזבן או נזבן תוב אלא אינא דאית עלוהי
   yllään on jolla se mutta jälleen myydä tai ostaa ihminen ettei

Johanneksen ilmestys

רושמא דשמא דחיותא או מנינא דשמה:
nimen lukumäärä tai olennon nimen merkki

Etteivät ihmiset voi enää ostaa tai myydä, ainoastaan se, jolla on olennon nimen merkki, tai nimen lukumäärä.

¹⁸ הרכא איתיה חכמתא ודאית בה הונא נחשביוהי
tässä on viisaus ja kenellä on hänessä ymmärrys voi laskea

למנינא דחיותא מנינא הו גיר דברנשא שתמאא ושתין
olennon lukumäärälle lukumäärä hän sillä ihmisen 600 ja 60

ושת:
kuusi ja

Tässä on viisaus; ja kenellä on ymmärrys, voi laskea olennon lukumäärän, sillä se on ihmisen lukumäärä, 666.

Luku 13.

Luku 14.

Johanneksen ilmestys

14 וחזית והא אמרא קאם על טורא דצהיון ועמה מאא
. näin ja karitsa katso ja seisoi yllä vuori Zhion'n ja kanssaan sata
וארבעין וארבעא אלפין דאית עליהון שמה ושמא דאבוהי
.40 ja   ja neljä   ruhtinaat   joilla on yllään heidän nimensä ja nimi   isänsä
כתיב על בית עיניהון:
kirjoitettu yllä välissä silmien

Ja minä näin, ja katso, karitsa seisoi Zhion'n vuoren yllä, ja hänen kanssaan ne 144 ruhtinasta, joiden yllä on hänen nimensä, ja hänen isänsä nimi, otsiinsa kirjoitettuina.

Zion tarkoittaa maamerkkiä tai suuntaviittaa, "liikennemerkkiä".

² ושמעת קלא מן שמיא איך קלא דמיא סגיאא ואיך קלא
. ja kuulin ääni   taivaista kuin ääni vesien monet kuin ja ääni
דעמא רבא קלא אינא דשמעת איך קיתרודא דנקש
ukkosen valtava ääni se kuuntelin kuin kitaristit soittaen
בקיתרוהי:
kitaroitaan

Ja minä kuulin taivaista äänen, kuin monien vesien ääni, ja kuin valtavan ukkosen ääni, ja se kuulosti siltä, kuin monet kitaristit soittaisivat kitaroitaan.

³ ומשבחין איך תשבוחתא חדתא קדם כורסיא וקדם
ja edessä valtaistuin edessä uusi ylistyslaulu kuin lauloivat ja
ארבע חיון וקדם קשישא ולא אנש אתמצי למאלפה
neljä olennot ja edessä vanhimmat eikä ihminen kykene oppimaan
לתשבוחתא אלא אן מאא וארבעין וארבעא אלפין זביני
ylistyslaululle mutta vain sata ja 40 ja neljä ruhtinaat lunastettu
מן ארעא:
maasta

Ja he lauloivat kuin uutta ylistyslaulua valtaistuimen edessä, ja neljän olennon edessä, ja vanhimpien edessä, eikä ihminen voi oppia sitä ylistyslaulua, ainoastaan ne 144 ruhtinasta, maasta lunastetut.

⁴ הלין אנון אילין דעם נשא לא אתטושו בתולא גיר
. he ovat niitä jotka kanssa naiset ei saastuttaneet neitsyet sillä

Johanneksen ilmestys

Luku 14.

איתיהון הלין דנקפוהי לאמרא כל כר דנאזל הלין אזדבנו
lunastetut he menevä hän minne kaikkialle karitsalle samanmieliset   he   he ovat

מן אנשא רשיתא לאלהא ולאמרא:
karitsalle ja Jumalalle ensihedelmät   ihmisistä

He ovat niitä, jotka eivät ole naisten kanssa saastuneet, sillä he ovat neitsyet, heillä on sama mieli kuin karitsalla kaikkialla, minne hän menee. He ovat ihmisten ensihedelmät, lunastetut Jumalalle ja karitsalle.

⁵ דבפומהון לא אשתכחת דגלותא דלא מום גיר אנון:
   he   sillä virhe ei joissa   valheen   löydetä   ei   suustaan

Heidän suustaan ei löydetä valhetta, sillä heissä ei ole virhettä.

⁶ וחזית אחרנא מלאכא דפרח מצעת שמיא ואית לה
  hänelle oli ja   taivaat keskellä lentäen   enkeli   toinen   näin ja

עלוהי סברתא דלעלם למסברו על יתבי ארעא ועל כל עם
ihmiset kaikki ylle ja maa   asuvaiset ylle julistettava iankaikkinen   toivo kanssaan

ואמון ושרבן ולשן:
kielet ja sukupolvet ja kansat ja

Ja minä näin toisen enkelin lentävän keskellä taivaita, ja hänellä oli mukanaan iankaikkinen toivo, julistettavaksi maan päällä asuville, ja kaikille ihmisille ja kansoille, ja sukupolville ja kielille.

Sevarta, toivo. TgPs.9:11, TgJob.11:20, 12x UT, mm. Matt.4:23, Matt.24:14, Apt.20:24, 1Joh.1:5.

⁷ למאמר בקלא רבא דחלו מן אלהא והבו לה תשבוחתא
kirkkaus hänelle antoi ja Jumalasta ylistäkää että valtava äänessä   sanoen

מטל דאתת שעתא דדינה וסגודו לדעבד שמיא וארעא
maa ja   taivaat   teki joka palvokaa ja tuomion   hetki   .tullut   koska

וימא ועינתא דמיא:
vesien   lähteet ja meri ja

Sanoen valtavalla äänellä, että "ylistäkää Jumalaa, ja hänen on kirkkaus, koska on tullut tuomion hetki, ja häntä palvokaa, joka on tehnyt taivaat ja maan, ja meren ja vesien lähteet".

Johanneksen ilmestys

8 וַאחרנא דתרין נקיף הוא לה ואמר נפלת נפלת בביל
   Babil sortunut sortunut sanoi ja hänelle oli seurasi toisen toinen ja .

רבתא אידא דמן חמתא דזנותה אשקית לכלהון עממא:
kansakunnat kaikille tarjosi haureutensa intohimostaan joka valtava

Ja toinen seurasi toista, ja sanoi, "sortunut, sortunut on se valtava Babil, joka haureutensa intohimosta tarjoili kaikille kansakunnille!"

9 ואחרנא מלאכא דתלתא נקף להון למאמר בקלא רבא
   valtava äänessä sanoen heille seurasi kolmas enkeli toinen ja .

אינא דסגד לחיותא ולצלמה ושקל רושמה בית עינוהי:
silmiensä välissä merkki sai ja patsaalle ja olennolle palvoi kuka

Ja toinen enkeli, kolmas, seurasi heitä, sanoen valtavalla äänellä, "Kuka palvoi sitä olentoa ja patsasta, ja sai merkin otsaansa?"

10 אף הו נשתא מן חמרא דחמתה דמריא דמזיג דלא
   ei joka sekoitettu joka Herran intohimon viinistä juova hän myös .

חלטא בכסא דרוגזה ונשתנק בנורא וכבריתא קדם
edessä tulikiveä ja tulessa kidutettava ja vihan maljassa laimennusta

מלאכא קדישא וקדם אמרא:
karitsa edessä ja pyhät enkelit

Myös hän on juova Herran intohimon viinistä, joka on sekoitettu, laimentamattomana, vihan maljassa, ja häntä tullaan kiduttamaan tulessa ja tulikivessä, pyhien enkelien edessä ja karitsan edessä.

11 ותננא דתשניקהון לעלם עלמין נסק ולית להון נפאשא
   lepoa heille ole eikä nousee ikuisesti aina kidutustensa savu ja .

איממא ולליא איליו דסגדין לחיותא ולצלמה ולמן דשקל
ottaa joka hänelle ja patsaalle ja olennolle palvovat jotka nämä yöllä ja päivällä

רושמא דשמה:
nimen merkki

Ja heidän kidutuksensa savu nousee aina ja iankaikkisesti, eikä heillä ole oleva lepoa päivällä ja yöllä; niillä, jotka palvovat olentoa ja patsasta, ja sillä, joka ottaa sen nimen merkin.

Johanneksen ilmestys

Luku 14.

¹² הרכא איתיה מסיברנותא דקדישא אילין דנטרו
    pitävät jotka nämä   pyhien   kärsivällisyys on   tämä

פוקדנוהי דאלהא והימנותה דישוע:
   Jeshuan   usko ja   Jumalan   käskyt

Tämä on pyhien kärsivällisyys, niiden, jotka pitävät Jumalan käskyt ja Jeshuan uskon.

¹³ ושמעת קלא מן שמיא דאמר כתוב טוביהון למיתא
  kuolleille siunaukset kirjoita sanoi joka taivaista   ääni   kuulin ja

אילין דענדו במרן מן השא אין אמר רוחא מטל
  koska   henki sanoo niin tästä lähtien Herrassamme lähteneet nämä

דנתתניחון מן עמליהון:
   raatamisistaan   lepäävät

Ja minä kuulin taivaista äänen, joka sanoi, "kirjoita: siunaukset niille kuolleille, jotka ovat lähteneet Herrassamme tästä lähtien, niin sanoo Henki, koska he saavat levätä teoistaan".

¹⁴ והא עננא חורתא ועל עננא יתב דמותא דברנשא ואית
  on ja ihmisen pojan kaltainen istui pilven yllä ja valkoinen pilvi katso ja

לה על רשה כלילא דדהבא ועל אידה מגלתא חריפתא:
  terävä   sirppi   käden yllä ja kultainen kruunu pään yllä hänelle

Ja katso, valkoinen pilvi, ja pilven yllä istui Ihmisen Pojan kaltainen, ja hänellä oli päänsä päällä kultainen kruunu, ja terävä sirppi kätensä yllä.

¹⁵ ואחרנא מלאכא נפק מן היכלא וקעא בקלא רבא
  valtava äänessä huusi ja temppelistä lähti   enkeli   toinen ja

לדיתב על עננא שדר מגלתך וחצוד מטל דאתת שעתא
   aika   tullut koska niitä ja sirppisi lähetä pilven yllä istuvalle

למחצד:
 niittää

Ja toinen enkeli lähti temppelistä, ja huusi valtavalla äänellä pilven yllä istuvalle, "lähetä sirppisi ja niitä, sillä on tullut aika niittää!"

Johanneksen ilmestys

16 וארמי הו דיתב על עננא מגלתה על ארעא ואתחצדת
. ja viskasi hän istuva yllä pilven sirppinsä ylle maan ja tuli niitetyksi
ארעא:
maa

Ja pilven yllä istuva heitti sirppinsä maan päälle, ja maa tuli niitetyksi.

17 ואחרנא מלאכא נפק מן היכלא דבשמיא ועלוהי אית
. ja toinen enkeli lähti temppelistä joka taivaissa ja kanssaan oli
מגלתא חריפתא:
sirppi terävä

Ja toinen enkeli lähti temppelistä, joka on taivaissa, ja hänellä oli terävä sirppi mukanaan.

18 ואחרנא מלאכא נפק מן מדבחא דאית לה שולטנא על
. ja toinen enkeli lähti alttarista jolla oli hänelle valta yli
נורא וקעא בקלא רבא לדאית לה מגלתא חריפתא שדר
tulen ja huusi äänessä valtava hänelle jolla hänelle sirppi terävä lähetä
אנת מגלתך חריפתא וקטוף לסגולא דכרמה דארעא
sinä sirppisi terävä ja kokoa tertuille viinitarhojen maan
מטל דרבי ענבוהי:
koska suuria rypäleet sen

Ja toinen enkeli lähti alttarilta, hän, jolla oli valta yli tulen, ja huusi valtavalla äänellä hänelle, jolla on se terävä sirppi, "sinä, lähetä terävä sirppisi ja kokoa tertut maan viinitarhoista, sillä sen rypäleet ovat suuria!"

19 וארמי מלאכא מגלתה על ארעא וקטף לכרמה דארעא
. ja viskasi enkeli sirppinsä ylle maan ja kokoaa viinitarhoille maan
וארמי במעצרתא רבתא דחמתה דאלהא:
ja heitä viinipuristamossa valtava intohimon Jumalan

Ja enkeli heitti sirppinsä maan päälle, ja maan viinitarhat tulivat kerätyiksi, ja heitettiin Jumalan intohimon valtavaan viinipuristamoon.

20 ואתתדישת מעצרתא לבר מן מדינתא ונפק דמא
. ja poljettiin viinipuristamo ulkona kaupungista ja lähti veri

Johanneksen ilmestys

מן מעצרתא עדמא לפגודא דרכשא על אלף ומאתין
viinipuristamosta yltää hevosten kuolaimille ylle tuhat ja 200

אסטדון:
stadia't

Ja viinipuristamo poljettiin kaupungin ulkopuolella, ja viinipuristamosta lähti veri. Se yltää hevosten kuolaimiin, yli 1200 stadia-mittaa.

Kun vertailee eri kielisiä käännöksiä, jakeen loppu vaihtelee, koska teksti ei kerro tarkemmin tuosta 1200:sta. Lisäksi, kreikassa on eri luku. Vain Codex Sinaiticus 300-luvulta seuraa tässä arameaa. Tämäkin kohta todistaa, että teksti ei voi olla kreikasta käännetty. Jos teksti olisi kreikan käännös, tässä lukisi שתמאא . Lukuarvoihin perustuvalla lukutavalla tästä voisi saada 600, mutta silloin 'tuhat' ei sovi mukaan kieliopillisesti. Tämä on kuitenkin ollut kreikan kääntäjän tulkinta.

Johanneksen ilmestys

15 וחזית אחרתא אתא בשמיא רבתא ותמיהתא מלאכא
näin ja   toinen   merkki taivaissa valtava   ihmeellinen ja enkelit
דאית עליהון מחותא שבע אחריתא דבהין אשתמלית
oli joilla yllään vitsauksia seitsemän viimeistä heissä päättynyt
חמתה דאלהא:
Jumalan viha

Ja minä näin; toinen merkki taivaissa, valtava ja ihmeellinen – enkelit, joilla oli seitsemän viimeistä vitsausta mukanaan. Sillä heihin päättyy Jumalan viha.

2 וחזית איך ימא דזגוגיתא דפתיכא בנורא ולדזכו
näin ja kuin meri lasinen sekoitettu tulessa ja voittajat
מן חיותא ומן צלמה ומן מנינא דשמה דקימין לעל מן ימא
olennosta ja patsaasta ja lukumäärästä nimen jotka seisoivat yläpuolella merestä
דזגוגיתא ואית עליהון קיתרוהי דאלהא:
lasinen   oli ja kanssaan kitarat   Jumalan

Ja minä näin, kuin lasinen meri, tulessa sekoitettu, ja ne, jotka voittivat olennon ja patsaan ja sen nimen lukumäärän, seisoivat lasisen meren yläpuolella, ja heillä oli mukanaan Jumalan kitarat.

3 ומשבחין תשבוחתא דמושא עבדה דאלהא ותשבוחתא
ylistyslaulu ja Jumalan palvelija Moshe'n ylistyslaulua lauloivat ja
דאמרא ואמרין רורבין ותמיהין עבדיך מריא אלהא אחיד
karitsan   sanoivat ja valtavat ja ihmeelliset tekosi Herra Jumala ylläpitää
כל כאנין ושרירין עבדיך מלכא דעלמא:
kaikki oikeat ja todelliset tekosi kuningas maailmankaikkeuden

Ja he lauloivat Moshe'n, Jumalan palvelijan ylistyslaulua, ja karitsan ylistyslaulua, ja sanoivat, "valtavat ja ihmeelliset ovat sinun tekosi, Herra Jumala, joka pidät yllä kaikkea. Oikeat ja totuudet ovat sinun tekosi, maailmankaikkeuden kuningas!"

Arameassa on kaksi sanaa totuudelle, serara ja amen, molemmat yleisiä raamatussa, tässä käytetään tuota ensimmäistä, kuten myös esim. Joh. 15:1. "Oikeat ja totuuden mukaiset ovat tekosi". Maailma,'alma, hebr. 'olam sana pitää sisällään maan ja taivaat, tässä ja esim. "jouluevankeliumissa" Luuk. 2:10, selkeyden vuoksi parempi kääntää maailmankaikkeudeksi. Moshe = Mooses. Jotkut sanovat, että Psalmi 92 olisi myös Mooseksen, mutta raamattu tai talmud ei sitä kerro. Sen sijaan talmud kertoo, että Psalmi 92 on "tuhatvuotisen valtakunnan laulu".

Johanneksen ilmestys

⁴מן לא נדחל לך מריא ונשבח לשמך מטל דאנת הו
kuka ei kunnioita sinua Herra ja ylistää nimellesi koska sinun on
בלחוד חסיא מטל דכלהון עממא נאתון ונסגדון קדמיך
ainoastaan armollisuus koska niiden kaikkien kansakunnat tulevat ja palvovat edessäsi
מטל דתריץ אנת:
koska oikeamielinen olet

Kuka ei sinua kunnioittaisi, Herra Jumala, ja ylistäisi nimeäsi, sillä ainoastaan sinun on armollisuus. Kaikki kansakunnat tulevat ja palvovat edessäsi, sillä sinä olet oikeamielinen.

⁵ומן בתר הלין חזית ואתפתח היכלא דמשכנא דסהדותא
ja jälkeen näiden näin ja avattiin temppeli majan todistuksen
בשמיא:
taivaissa

Ja näiden jälkeen minä näin, ja taivaissa avattiin todistuksen majan temppeli.

⁶ונפקו שבעא מלאכין מן היכלא הנון דאית עליהון שבע
ja lähtivät seitsemän enkelit temppelistä nämä joilla on kanssaan seitsemän
מחון כד לבישין כתנא דכיא ונהירא ואסירין על חדייהון
vitsaukset kun pukeutuneet kankaat puhtaat ja valkeat ja sidotut yllä rintojensa
אסרא דדהבא:
vyö kultainen

Ja seitsemän enkeliä lähti temppelistä, nämä, joilla on mukanaan seitsemän vitsausta, puhtaisiin ja valkeisiin vaatteisiin pukeutuneena, ja rintojensa päältä kultaisella vyöllä sidotut.

⁷וחדא מן ארבע חיותא יהבת לשבעא מלאכין שבע
ja yksi neljästä olennot antoi seitsemälle enkelit seitsemän
זבורין דמלין חמתה דאלהא דאיתוהי חיא לעלם
astiat täynnä viha Jumalan joka on elämä iankaikkisuudelle
עלמין אמין:
iankaikkisuudet amen

Ja yksi neljästä olennosta antoi seitsemälle enkelille seitsemän astiaa, täynnä vihaa, Jumalan, joka on elämä, aina ja iankaikkisesti, amen.

Luku 15.

Luku 15.

Johanneksen ilmestys

⁸ וֵאתמלי היכלא מן תננא דתשבוחתה דאלהא ומן חילה
 . ja täyttyi temppeli savusta kirkkauden Jumalan ja voimastaan

ולית דמצא הוא למעל להיכלא עדמא דנשתמלין שבע
eikä kyennyt oli astumaan temppeliin kunnes täyttyisivät seitsemän

מחון דשבעא מלאכין:
enkelien seitsemän niiden vitsaukset

Ja temppeli täyttyi Jumalan kirkkauden savusta ja voimasta, eikä kukaan pystynyt astumaan sisälle temppeliin, ennen kuin niiden seitsemän enkelin seitsemän vitsausta ovat täyttyneet.

Johanneksen ilmestys

16 וּשְׁמַעַת קָלָא רַבָּא מִן הֵיכְלָא דַּאֲמַר לְשַׁבְעָא מַלְאָכִין
ja kuulin ääni valtava temppelistä joka sanoi seitsemälle enkelit

זִלּוּ וְאַשׁוֹדוּ שְׁבַע זְבוּרִין דַּחֲמָתֵהּ דַּאֲלָהָא עַל אַרְעָא:
mene ja vuodata seitsemän astiat vihan Jumalan ylle maan

Ja minä kuulin, valtava ääni temppelistä, joka sanoi seitsemälle enkelille, "mene, ja vuodata seitsemän Jumalan vihan astiaa maan ylle!"

² וַאֲזַל קַדְמָיָא וְאַשֵׁד זְבוּרֵהּ עַל אַרְעָא וַהֲוָא שׁוּחֲנָא בִישָׁא
ja meni ensimmäinen ja vuodatti astiansa ylle maan ja tuli paiseita pahanlaatuisia

וְכָאֵבָא עַל אֲנָשָׁא דְּאִית לְהוֹן רוּשְׁמָא דְּחֵיוְתָא וְאַיְלֵין
ja tuskallisia ylle ihmiset joilla on heissä merkki olennon ja nämä

דְּסָגְדִין לְצַלְמַהּ:
jotka palvovat patsaalleen

Ja ensimmäinen meni, ja vuodatti astiansa maan päälle, ja tuli pahoja ja tuskallisia paiseita niiden ihmisten ylle, joilla on olennon merkki ja niiden ylle, jotka palvovat patsasta.

³ וּמַלְאֲכָא דִּתְרֵין אַשֵׁד זְבוּרֵהּ בְּיַמָּא וַהֲוָא יַמָּא אֵיךְ מִיתָא
ja enkeli toinen vuodatti astiansa meressä ja tuli vesi kuin kuollut

וְכָל נַפְשָׁא חַיְתָא מִיתַת בְּיַמָּא:
ja kaikki sielulliset elävä kuoli meressä

Ja toinen enkeli vuodatti astiansa mereen, ja vesi tuli kuin kuolleeksi, ja kaikki sielullinen, elävä, meressä kuoli.

⁴ וּמַלְאֲכָא דִּתְלִיתָא אַשֵׁד זְבוּרֵהּ בְּנַהְרְוָתָא וּבְעַיְנָתָא דְמַיָּא
ja enkeli kolmas vuodatti astiansa virroissa ja lähteissä vesien

וַהֲווֹ דְמָא:
ja tuli veri

Ja kolmas enkeli vuodatti astiansa virtoihin ja vesien lähteisiin, ja ne muuttuivat vereksi.

⁵ וּשְׁמַעַת לְמַלְאֲכָא דְמַיָּא דַּאֲמַר זַדִּיק אַנְתְּ הוּ דְּאִיתוֹהִי
ja kuulin enkelille vesien sanoen vanhurskas sinä hän joka olet

וְאִיתוֹהִי הוּא וְחַסְיָא דְּהָלֵין דָּנַת:
ja olemassa ollut ja armollinen joka nämä säätänyt

77

Johanneksen ilmestys

Ja minä kuulin vesien enkelin sanovan, "vanhurskas sinä, joka olet, ja joka olet ollut, ja armollinen, ja joka olet nämä säätänyt!"

⁶ מטל דדמא דנביא ודקדישא אשדו ודמא יהבת להון
    heille antanut veri ja vuodattaneet pyhien ja profeettojen veren koska

למשתא שוין אנון:
ovat arvolliset juomaan

Sillä profeettojen ja pyhien veren he ovat vuodattaneet, ja verta sinä olet antanut heidän juoda, siihen he ovat arvolliset.

⁷ ושמעת למדבחא דאמר אין מריא אלהא אחיד כל
kaikki ylläpitää Jumala Herra niin sanoen alttarille kuulin ja

שרירין וזדיקין דיניך:
tuomiosi vanhurskaat ja totuudet

Ja minä kuulin alttarin sanovan, "niin, Herra Jumala, joka ylläpitää kaikkea, totuudet ja vanhurskaat ovat sinun tuomiosi."

⁸ ומלאכא דארבעא אשד זבורה על שמשא ואתיהב לה
hänelle annettiin ja aurinko yli astiansa vuodatti neljännen enkeli ja

דנחם לבנינשא בנורא:
tulessa ihmislapset paahtaa

Ja neljäs enkeli vuodatti astiansa auringon ylle, ja hänen annettiin paahtaa ihmislapsia tulessa.

⁹ ואתחממו בנינשא בחומא רבא וגדפו לשמא דאלהא
Jumalan nimelle pilkkasivat ja valtava kuumuudessa ihmislapset paahtuivat ja

דאית לה שולטנא על מחותא הלין ולא תבו למתל לה
hänelle antaa parannusta eikä näiden vitsausten yli valta hänelle on jolla

תשבוחתא:
kunnia

Ja ihmiset paahtuivat valtavassa kuumuudessa, ja pilkkasivat Jumalan nimeä, hänen, jolla on valta yli näiden vitsausten, eivätkä tehneet parannusta, että antaisivat hänelle kunnian.

Johanneksen ilmestys

Luku 16.

¹⁰ וּמַלְאֲכָא דַחֲמִשָׁא אֶשַׁד זְבוּרֵהּ עַל כּוּרְסְיֵהּ דְחַיְוְתָא וַהְוָת
    tuli ja olennon valtaistuin yli astiansa vuodatti viidennen enkeli ja .

מַלְכּוּתֵהּ חֲשׁוּכְתָּא וּמְלַעְסִין הֲווֹ לְשֶׁנַּיְהוֹן מִן כְּאֵבָא:
  tuskasta   kielensä he purivat ja pimeydet kuningaskunta

Ja viides enkeli vuodatti astiansa olennon valtaistuimen päälle, ja sen kuningaskunta pimeni, ja he purivat kieliään tuskasta.

¹¹ וְגַדֵּפוּ לִשְׁמָא דַאֲלָהָא דַשְׁמַיָּא מִן כְּאֵבֵיהוֹן וּמִן שׁוּחְנַיְהוֹן
   paiseistaan ja   tuskistaan   taivasten Jumalan nimelle pilkkasivat ja .

וְלָא תָּבוּ מִן עֲבָדַיְהוֹן:
        teoistaan parannusta eikä

Ja he pilkkasivat taivasten Jumalan nimeä tuskistaan ja paiseistaan, eivätkä tehneet parannusta teoistaan.

¹² וּמַלְאֲכָא דְשִׁתָּא אֶשַׁד זְבוּרֵהּ עַל נַהְרָא רַבָּא פְּרָת וִיבֵשׁ
 kuivui ja Eufrat suuri virta yli astiansa vuodatti kuudes enkeli ja .

מוֹהִי דְתִתְטַיַּב אוּרְחָא דְמַלְכָּא מִן מַדְנְחַי שִׁמְשָׁא:
    aurinko noususta kuninkaiden tie valmistetaan että vetensä

Ja kuudes enkeli vuodatti astiansa yli suuren Eufrat-virran, ja sen vesi kuivui, että valmistettaisiin tie auringon noususta tuleville kuninkaille.

¹³ וַחֲזִית מִן פּוּמָא דְתַנִּינָא וּמִן פּוּמָא דְחַיְוְתָא וּמִן פּוּמָא
   suusta ja   olennon   suusta ja lohikäärmeen suusta näin ja

דִנְבִיָּא דַגָּלָא רוּחָא תְּלָת לָא דְכִיתָא אֵיךְ אוּרְדְעָא:
    sammakot kuin   epäpuhtaita kolme henkiä valheen profeetan

Ja minä näin, lohikäärmeen suusta, ja olennon suusta, ja valheen profeetan suusta lähti kolme henkeä, epäpuhtaita kuin sammakot.

¹⁴ אִיתַיְהוֹן גֵּיר רוּחֵא דְשֵׁאדָא אִלֵּין דְעָבְדָן אָתוָתָא דְאָזְלָן
menevät jotka merkkejä tekevät   niitä demonien henkiä sillä ovat ne .

עַל מַלְכֵּא דְתֵאבֵיל לְמַכְנָשׁוּ אֶנּוּן לַקְרָבָא דְיוֹמָא הוּ רַבָּא
  valtava se päivän sodalle heidät kokoamaan asutun maan kuninkaat yllä

דַאֲלָהָא אֲחִיד כֹּל:
   kaikki ylläpitää Jumalan

Luku 16.

Sillä ne ovat niitä demonien henkiä, jotka tekevät merkkejä – jotka menevät maan kuninkaiden ylle, kootakseen heidän sotimaan, sitä Jumalan, joka ylläpitää kaikkea, valtavaa päivää varten.

¹⁵ הא אתא איך גנבא טובוהי להו דעיר ונטר מאנוהי דלא
. katso tulen kuin varas siunauksensa hänelle joka valvoo ja pitää vaatteensa ettei

ערטל נהלך ונחזון בהתתה:
alaston kulje ja nähtäisi häpeässä

Katso, minä tulen kuin varas. Siunauksensa sille, joka valvoo, ja pitää vaatteensa, ettei alastomana kulje, ja häntä nähtäisi häpeässä!

¹⁶ ונכנש אנון לאתרא דמתקרא עבראית מגדו:
. ja kootaan heidät paikalle kutsutaan hebreaksi Megiddo

Ja heidät kootaan paikkaan, jota hebreaksi kutsutaan Megiddo.

¹⁷ ומלאכא דשבעא אשד זבורה באאר ונפק קלא רבא
. ja enkeli seitsemäs vuodatti astiansa ilmassa ja lähti ääni valtava

מן היכלא מן קדם כורסיא דאמר הוא:
temppelistä edestä valtaistuin joka sanoi tehty.

Ja seitsemäs enkeli vuodatti astiansa ilmaan, ja temppelistä lähti valtava ääni, valtaistuimen edestä, joka sanoi, "tehty!"

¹⁸ והוו ברקא ורעמא ונודא הוא רבא דאכותה לא הוא
. ja oli salamat ja ukkoset ja maanjäristys oli valtava kaltainen ei ollut

מן דהוו בנינשא על ארעא דאיך הנא זועא הכנא רב הוא:
elävistä ihmislapset maan yllä että kuin tämä maanjäristys niin suuri oli

Ja tuli salamoita ja ukkosia, ja valtava maanjäristys, sen kaltaista ei ole ollut ihmislasten eläessä maan päällä, kuin tämä maanjäristys. Niin suuri se oli.

¹⁹ והות מדינתא רבתא לתלת מנון ומדינתא דעממא נפלי
. ja tuli kaupunki suuri kolme osat ja kaupungit kansojen sortui

ובביל רבתא אתדכרת קדם אלהא למתל לה כסא דחמרא
ja Babil suuri muistettiin edessä Jumala antava hänelle malja viinin

Johanneksen ilmestys

Luku 16.

דחמתה ודרוגזה:
vihan ja   intohimon

Ja suuri kaupunki meni kolmeen osaan, ja kansojen kaupungit sortuivat, ja valtava Babil muistettiin Jumalan edessä, ja hän on antava hänelle intohimon ja vihan viinin maljan.

²⁰ וכל גזרתא ערקת וטורא לא אשתכחו:
löydetty ei vuoria ja pakenivat saaret kaikki ja .

Ja kaikki saaret pakenivat, eikä vuoria löytynyt.

²¹ וברדא רבא איך ככרא נחת מן שמיא על בנינשא וגדפו
pilkkasivat ja ihmislapset ylle taivaista putosi kakra kuin valtavat rakeet ja .

בנינשא לאלהא על מחותא דברדא מטל דרבא הי
oli valtavan tähden rakeiden vitsaus yli Jumalalle ihmislapset

מחותה טב:
kallis vitsaus

Ja valtavat rakeet, kuin kakra-painoiset, putosivat taivaista ihmislasten päälle, ja ihmislapset pilkkasivat Jumalaa tämän valtavan rakeiden vitsauksen tähden. Tämä vitsaus oli kallis.

Kakra on painomitta, TgEx.25:39 ym, en puutu siihen tarkemmin. Vitsaus on taloudellisesti kallisarvoinen. Jastrow 'tav' ; precious, valued.

Luku 17.

17 וְאָתָא חַד מִן שַׁבְעָא מַלְאֲכָא דְּאִית עֲלֵיהוֹן שְׁבַע
seitsemän kanssaan oli joilla enkelit seitsemästä yksi tuli ja

זְבוּרִין וּמַלֵּל עַמִּי לְמֵאמַר תָּא בָּתְרִי אֲחַוֵּיךְ דִּינָא דְּזָנִיתָא
huoran tuomio näytän perässäni tule sanoen minulle puhui ja astiat

דְּיָתְבָא עַל מַיָּא סַגִּיאָא:
monet vedet yllä istuva

Ja yksi niistä seitsemästä enkelistä tuli, joilla oli mukanaan seitsemän astiaa, ja puhui minulle sanoen, "tule perässäni, minä näytän sinulle sen huoran tuomion, joka istuu monien vesien yllä."

2 דְּעַמָּהּ זְנִיו מַלְכֵּיהּ דְּאַרְעָא וּרְוִיו כֻּלְּהוֹן עָמוּרֶיהָ דְּאַרְעָא
maan asukkaat he kaikki juoneet ja maan kuninkaat huoranneet kanssaan sillä

מִן חַמְרָא דִזְנָיוּתַהּ:
haureuden viinistä

Sillä hänen kanssaan ovat maan kuninkaat huoranneet, ja kaikki maan asukkaat ovat juoneet haureutensa viinistä.

3 וְאַפְּקַנִי לְחוּרְבָּא בְּרוּחַ וַחֲזִית אַנְתְּתָא דְּיָתְבָא עַל חֵיוְתָא
olento yllä istuvan vaimo näin ja hengessä erämaalle minut vei ja

סוּמָקְתָא דְּמַלְיָא שְׁמָהֵא דְּגוּדָפָא דְּאִית לָהּ רֵישָׁא שַׁבְעָא
seitsemän päätä hänelle oli jolla pilkan nimiä täynnä verenpunainen

קַרְנָתָא דֵּין עֲסַר:
kymmenen mutta sarvia

Ja hän vei minut hengessä erämaahan, ja minä näin; vaimo, joka istui verenpunaisen olennon päällä, täynnä pilkan nimiä, jolla oli seitsemän päätä, mutta kymmenen sarvea.

4 וְאַנְתְּתָא אִית הֲוָא דִּמְעַטְּפָא אַרְגְּוָנָא וּזְחוֹרִיתָא דִּמְדַהְבָן
päällystetty irstas ja purppura pukeutuneena oli hän vaimo ja

בְּדַהְבָא וּכְאפֵא טָבָתָא וּמַרְגָּנִיתָא וְאִית לָהּ כָּסָא דְּדַהְבָא
kultainen malja hänelle oli ja helmiä ja kallisarvoisia kiviä ja kullalla

עַל אִידַהּ וּמַלְיָא טַמְאוּתָא וְסוֹיְבָא דִּזְנָיוּתַהּ:
haureutensa saastaa ja kauhistuksia täynnä ja käsi yllä

Johanneksen ilmestys

Ja vaimo oli irstas, ja pukeutuneena purppuraan, päällystetty kullalla ja kalliilla kivillä ja helmillä, ja hänen kädessään oli kultainen malja, täynnä hänen haureutensa kauhistuksia ja saastaa.

⁵ וְעַל בֵּית עֵינֶיהָ כְּתִיב אֲרָזָא בָּבֶל רַבְּתָא אִמָּא דְּזָנִיתָא
. ja ylle välissä silmiensä kirjoitettu salaisuus Babil valtava äiti huorien

וְדַסּוֹיְבֵיהּ דְּאַרְעָא:
ja saastan maan

Ja hänen otsaansa oli kirjoitettu salaisuus; valtava Babil, huorien ja maan saastan äiti.

⁶ וַחֲזִית אַנְתְּתָא דְּרַוְיָא מִן דְּמָא דְּקַדִּישָׁא וּמִן דְּמָא דְּסָהֲדוֹהִי
. ja näin vaimo juopunut verestä pyhien ja verestä todistajien

דְּיֵשׁוּעַ וְאֶתְדַּמְּרֵת דּוּמָרָא רַבָּא כַּד חֲזִיתַהּ:
Jeshuan ja hämmästyin hämmästyksen suuri kun näin hänet

Ja minä näin, että vaimo oli juopunut pyhien verestä ja Jeshuan todistajien verestä, ja minä hämmästyin. Hämmästykseni oli suuri, kun minä näin hänet.

⁷ וֶאֱמַר לִי מַלְאֲכָא לְמָנָא אֶתְדַּמְּרַת אֲנָא אֵמַר לָךְ אֲרָזָא
. ja sanoi minulle enkeli miksi hämmästyt minä sanon sinulle salaisuus

דְּאַנְתְּתָא וְדַחֵיוְתָא דְּטָעֵינָא לָהּ דְּאִית לָהּ שַׁבְעָא רֵישִׁין
naisen ja olennon kantava jolla hänelle on hänelle seitsemän päätä

וַעֲסַר קַרְנָן:
ja kymmenen sarvea

Ja enkeli sanoi minulle, "miksi hämmästyt? Minä kerron sinulle naisen salaisuuden, ja häntä kantavan olennon, sen, jolla on seitsemän päätä ja kymmenen sarvea."

⁸ חֵיוְתָא דַּחֲזַיְתְּ אִיתֶיהּ הֲוָת וְלֵיתֶיהּ עֲתִידָא דְּתֵסַּק מִן יַמָּא
. olento jonka näit ollut oli eikä ole joka tuleva nouseva merestä

וּלְאַבְדָּנָא אָזְלָא וְנִתְדַּמְּרוּן עָמְרֵי עַל אַרְעָא הָנּוּן דְּלָא
ja kadotukselle tuleva hämmästyvä asukkaat ylle maa nämä joiden ei

כְּתִיבִין שְׁמָהַיְהוֹן בְּסִפְרָא דְּחַיֵּי מִן תַּרְמִיתֵהּ דְּעָלְמָא
kirjoitetut nimensä heidän kirjassa elämän perustamisesta maailman

דַּחֲזֵין חֵיוְתָא דְּאִיתֶיהּ הֲוָת וְלֵיתֶיהּ וְקָרְבַת:
kun näkee olento joka oli eikä ole ja saapuva

Luku 17.

Ja olento, jonka näit, oli ollut, eikä ole, on nouseva merestä ja joutuu kadotukseen. Maan päällä asuvat hämmästyvät; ne, joiden nimi ei ole kirjoitettu elämän kirjassa, maailman perustamisesta, kun he näkevät olennon, joka oli, eikä ole, ja hän tulee.

⁹ הרכא הונא לדאית לה חכמתא שבעא רשין שבעא אנון
. tämä merkitys jolla on hänelle viisautta seitsemän päätä seitsemän ovat

טורין איכא דיתבא אנתתא עליהון:
vuoret siellä istuva vaimo yllä heidän

Tämä on merkitys hänelle, jolla on viisautta; seitsemän päätä ovat seitsemän vuorta. Vaimo istuu siellä niiden päällä.

¹⁰ ומלכא שבעא אנון חמשא נפלו וחד איתוהי הו אחרנא
. ja seitsemän kuningasta ovat viisi kaatunut ja yksi hän on toinen

לא עדכיל אתא ומא דאתא קליל יהיב לה למכתרו:
ei vielä tullut ja kun tuleva hetki annettu hänelle pysyä

Ja seitsemän kuningasta ovat: viisi on kaatunut, yksi on, toinen ei ole vielä tullut, ja kun hän tulee, hänelle annetaan hetki pysyä.

¹¹ ותנינא וחיותא הי דאיתיה וליתיה והי דתמניא
. ja lohikäärme ja olento on jonka se toi eikä ole ja on kahdeksas

ומן שבעא הי ולאבדנא אזלא:
ja seitsemästä on ja kadotukselle tuleva

Ja lohikäärme ja olento, jonka se toi, on, eikä ole, ja on kahdeksas, ja on seitsemästä, ja joutuu kadotukseen.

¹² ועסר קרנן דחזית עסרא מלכין אנון אילין דמלכותא
. ja kymmenen sarvet olennon kymmen kuninkaat ovat nämä jotka kuningaskunnan

לא עדכיל נסבו אלא שולטנא איך מלכא חדא שעתא
ei vielä saanut mutta valta kuin kuningas yksi aika

שקלין עם חיותא:
ottavat kanssa olento

Ja olennon kymmenen sarvea ovat kymmenen kuningasta, nämä, jotka eivät ole vielä saaneet kuningaskunnan valtaa, mutta kuin yhden kuninkaan aikana, he ottavat sen olennon kanssa.

Johanneksen ilmestys

Luku 17.

¹³ הלין חד צבינא אית להון וחילא ושולטנא דילהון
  heidän   valta ja voima ja heille on   tahto yksi näillä
לחיותא יהבין:
antavat olennolle

Näillä on yksi tahto; ja valtansa ja voimansa he antavat olennolle.

¹⁴ הלין עם אמרא נקרבון ואמרא נזכא אנון מטל דמרא
  Herra   koska heidät voittava karitsa ja   sotivat karitsan kanssa nämä
הו דמרותא ומלך מלכא ודעמה קריא וגביא ומהימנא:
uskollinen ja valittu ja kutsutaan kansaansa koska ja kuninkaat kuningas ja herrojen hän

Nämä sotivat karitsaa vastaan, ja karitsa on voittava heidät, sillä hän on herrojen Herra ja kuningasten kuningas, ja koska hänen kansaansa kutsutaan valituksi ja uskolliseksi.

¹⁵ ואמר לי מיא דחזית דעליהון יתבא זניתא עממא וכנשא
   väkijoukot ja kansakunnat huora istui joiden yllä näit jotka vedet minulle sanoi ja
ואמותא ולשנא איתיהון:
he ovat kielet ja ihmiset ja

Ja hän sanoi minulle, "vedet, jotka näit, joiden yllä huora istui, ovat kansakunnat ja väkijoukot, ja ihmiset ja kielet."

¹⁶ ועסר קרנתא דחזית לחיותא הלין נסנין לזניתא
  huoraa vihaavat nämä olennolle näit jotka sarvet kymmenen ja
וחרבתא וערטליתא נעבדונה ובסרה נאכלון ונוקדונה
hänet polttavat ja tuhoavat lihansa ja hänet tekevät alaston ja tuhottu ja
בנורא:
tulessa

Ja ne kymmenen sarvea, jotka näit olennolla, nämä vihaavat huoraa, ja saavat hänet tuhotuksi ja alastomaksi, ja syövät hänen lihansa, ja polttavat hänet tulessa.

Akel אכל on kirjaimellisesti syömistä, tai syömällä kuluttamista.

¹⁷ אלהא גיר יהב בלבותהון דנעבדון צבינה ונעבדון
   tekevät ja tahtoaan toteuttaa sydämiinsä antoi sillä Jumala

Johanneksen ilmestys

צבינהון חד ונתלון מלכותהון לחיותא הי עדמא דנשתמלין
täyttyneet kunnes niin olennolle kuningaskuntansa antava ja yksi tahtonsa
מלוהי דאלהא:
Jumalan sanat

Sillä Jumala antoi heidän sydämiinsä toteuttaa hänen tahtoaan, ja he tekevät hänen tahtonsa yhdessä, ja antavat kuningaskuntansa olennolle – kunnes Jumalan sanat ovat täyttyneet.

[18] ואנתתא אידא דחזית מדינתא רבתא אידא דאית לה
hänelle on jolla se valtava kaupunki näit että jonka vaimo ja
מלכותא על מלכיה דארעא:
maan kuningasten yli kuningaskunta

Ja vaimo, jonka näit, on valtava kaupunki, se, jolla on kuningaskunta yli maan kuningasten.

Johanneksen ilmestys

18 ומן בתר הלין חזית אחרנא מלאכא דנחת מן שמיא
                     taivaista laskeutui   enkeli   toinen   näin näiden jälkeen ja

דאית לה שולטנא רבא וארעא נהרת מן תשבוחתה:
       kirkkaudestaan   valkeni   maa ja   suuri   valta hänelle oli jolla

Ja näiden jälkeen minä näin: taivaista laskeutui toinen enkeli, jolla oli suuri valta, ja maa valkeni hänen kirkkaudestaan.

²וקעא בקלא רבא נפלת נפלת בביל רבתא והות מעמרא
     asuinsija tullut ja   valtava Babil sortunut sortunut suuri äänessä huusi ja

לשאדא ונטורתא לכל רוחא לא דכיתא וסניתא:
     inhottava ja   epäpuhdas   henki kaikille   vankila ja demoneille

Ja hän huusi suuressa äänessä, "sortunut, sortunut on valtava Babil, ja siitä on tullut asuinsija demoneille, ja vankila kaikille epäpuhtaille ja inhottaville hengille!"

³מטל דמן חמרא דזניותה מזגת לכלהון עממא ומלכיה
  kuninkaat ja kansakunnat niille kaikille sekoitti haureutensa   viinistä   koska

דארעא עמה זניו ותגרא דארעא מן חילא דשניה עתרו:
    rikastuneet toistuen   voimasta   maan kauppiaat ja huorasi kanssaan   maan

Sillä haureutensa viinistä hän sekoitti kaikille kansakunnille, ja maan kuninkaat huorasivat kanssaan, ja maan kauppiaat jatkuvasti rikastuivat sen voimasta.

⁴ושמעת אחרנא קלא מן שמיא דאמר פוקו מן גוה עמי
    kansani hänestä lähtekää sanoi joka   taivaista   ääni   toinen   kuulin ja

דלא תשתותפון בחטהיה דלמא תסבון מן מחותה:
        vitsauksistaan   saisi ette että   syntinsä   ottaisi osaa ettette

Ja minä kuulin taivaista toisen äänen, joka sanoi, "lähtekää siitä ulos, minun kansani, ettette ottaisi osaa hänen syntiinsä, ettekä saisi hänen vitsauksistaan!"

⁵מטל דדבקו בה חטהא עדמא לשמיא ואתדכר אלהא
     Jumala muistanut ja   taivaille saakka synnit hänessä koskettaneet koska

עוליה:
pahuutensa

Johanneksen ilmestys

Sillä hänen syntinsä ulottuvat taivaisiin saakka, ja Jumala on muistanut hänen pahuutensa.

⁶ פורעוה איכנא דאף הי פרעת ועופו לה אעפא על
 yli kaksinkertainen hänelle kaksinkertainen ja maksanut on myös samoin maksakaa
עבדיה בכסא הו דמזגת מזוגו לה אעפא:
 kaksinkertainen hänelle sekoitus sekoitti jonka hän maljassa tekojensa

Maksakaa hänelle samoin, kuin hän on maksanut, ja kaksinkertaisesti, antakaa kaksinkertaisesti tekojensa mukaan siinä maljassa, joka on hänelle kaksinkertaisesti sekoitettu.

⁷ על מדם דשבחת נפשה ואשתעלית דאיך הכן שונקא
 kärsimys sellainen kuin itseään korottanut ja sieluaan ylistäen minkä yli
ואבלא מטל דבלבה אמרא דיתבא אנא מלכתא וארמלתא
 leski ja kuningatar minä istuva sanoi sydämessään antakaa murhe ja
ליתי ואבלא לא אחזא:
 näkevä en murhetta ja ole en

Yli sen, kuinka hän on sieluaan ylistänyt ja itseään korottanut, sellaista kärsimystä ja murhetta antakaa! Hän sanoi sydämessään, "minä olen istuva kuningattarena, enkä jää leskeksi, enkä ole näkevä onnettomuutta."

⁸ מטלהנא בחד יומא נאתין עליה מחותא מותא ואבלא
 murhe ja kuolema vitsaukset ylleen tulevat päivä yhdessä sentähden
וכפנא ובנורא תאקד מטל דחילתן מריא דדנה:
 tuomitsee Herra voimallinen koska palava tulessa ja nälkä ja

Sen tähden, yhdessä päivässä, tulevat hänen ylleen vitsaukset; kuolema ja onnettomuus ja nälkä, ja hänet poltetaan tulessa, sillä voimallinen Herra tuomitsee!

⁹ ונבכונה ונרקדון עליה מלכיה דארעא הנון דזניו עמה
 kanssaan haureutta nämä maan kuninkaat hänestä valittavat ja itkevät ja
ואשתעליו מא דחזין תננא דיקדנה:
 palamisen savu näkevät kun itseään korottivat ja

Ja hänestä itkevät ja valittavat maan kuninkaat, nämä, jotka hänen kanssaan haureutta harjoittivat, ja itseään korottivat, kun näkevät hänen palamisensa savun.

¹⁰ כד קימין מן קבול מן דחלתא דתשניקה ונאמרון וי וי

Johanneksen ilmestys

Luku 18.

וי מדינתא רבתא בבבל מדינתא עשינתא מטל דבחדא שעא
voi voi sanotaan ja rangaistuksen pelosta vastapäätä seisovat kun .
hetki yhdessä koska väkevä kaupunki Babil valtava kaupunki voi

אתא דינכי:
tuomiosi tullut

Kun he seisovat vastapäätä, rangaistuksen pelosta, ja sanotaan, "voi, voi, voi sitä valtavaa kaupunkia, Babil, sillä sen väkevän kaupungin tuomio on tullut yhdessä hetkessä."

¹¹ ותגרא דארעא נבכון ונתאבלון עליה ומובלהון לית
. eikä tavaroistaan sen yli murehtivat ja itkevät maan kauppiaat

דזבן תוב:
enää ostajia

Ja maan kauppiaat itkevät ja murehtivat sen tavaroista, kun ostajia ei enää ole.

¹² מובלא דדהבא ודסאמא ודכאפא יקירתא ודמרגניתא
. helmet ja kalliit kivet ja hopeat ja kullasta lasti

ודבוצא ודארגונא ושאריא דזחוריתא וכל קיס דבסמא
tuoksun puu kaikki ja punaista silkkiä ja purppuraa ja kankaat ja

וכל מאן דשנא וכל מאן דקיסא יקירא ונחשא ופרזלא
rauta ja pronssi ja arvokas puinen astiat kaikki ja norsunluun astiat kaikki ja

ושישא:
marmori ja

Lastina kultaa ja hopeaa, ja kalliita kiviä ja helmiä, ja kankaita ja purppuraa ja punaista silkkiä, ja kaikkia tuoksuvia puita ja kaikkia norsunluisia astioita ja kaikkia puisia, arvokkaita astioita, ja pronssia ja rautaa ja marmoria.

¹³ וקונימון ובסמא ומורון ולבונתא וחמרא ומשחא
. öljyt ja viini ja suitsuke ja voiteet ja yrtit ja kanelit ja

וסמידא וערבא ורכשא ומרכבתא ופגרא ונפשתא
sielut ja ruumiit ja vaunut ja hevoset ja lampaat ja jauhot ja

דבנינשא:
ihmislasten

89

Johanneksen ilmestys

Ja kanelia ja yrttejä, ja voiteita ja suitsukkeita, ja viiniä ja öljyä, ja jauhoja, ja lampaita ja hevosia ja vaunuja, ja ruumiita ja ihmislasten sieluja.

¹⁴ וְאַבְכֵּי רֶגְתָא דְּנַפְשְׁכִי אֲזַל מֶנְכִי וְכֹל דְּשַׁמִּין וְשַׁבִּיחַ אֲזַל
poissa loisto ja ylellisyydet kaikki ja sinusta poissa omasi ihanat hedelmäsi .

מֶנְכִי וְלָא תּוּב תֶּחֱזִין אֲנוּן:
heitä näkevä sinä enää eikä sinusta

Omat, suloiset hedelmäsi ovat sinusta poissa, ja kaikki ylellisyydet ja loisto on sinusta poissa, etkä sinä ole enää niitä näkevä!

¹⁵ וְלָא נַשְׁכְּחוּן אֲנוּן תַּגָּרָא דְּהַלִּין דְּעַתְרוּ מִנָּה מִן קְבוֹל
vastapäätä hänestä rikastuneet näiden kauppiaat niitä löydä eikä .

נְקוּמוּן מִן דֶּחְלְתָא דְּשׁוּנָקָה כַּד בָּכֵין וְאָבִילִין:
valittaen ja itkien kun rangaistuksensa pelosta seisovat

Eivätkä niitä löydä niiden kauppiaat, hänestä rikastuneet, jotka seisovat vastapäätä, pelosta, itkien ja valittaen hänen rangaistuksestaan.

¹⁶ וְאָמְרִין וַי וַי מְדִינְתָּא רַבְּתָא דִּמְעַטְּפָא בּוּצָא וְאַרְגּוָנָא
purppura ja kangas pukeutunut valtava kaupunki voi voi sanoivat ja .

וַזְחוֹרִיתָא דִּמְדַהֲבָן בְּדַהֲבָא וְכֵאפָא יַקִּירְתָּא וּמַרְגָּנִיתָא:
helmiä ja kalliita kiviä ja kullassa päällystetty punertava ja

Ja sanoivat, "voi, voi sitä valtavaa kaupunkia, pukeutunut purppuraan ja punertavaan kankaaseen, ja päällystetty kullalla ja helmillä ja kalliilla kivillä."

¹⁷ מֶטֻּל דְּבַחְדָא שָׁעָא אֶסְתְּרַק עוּתְרָא דְּאֵיךְ הָנָא וְכֹל
kaikki ja tämä kuin hyvinvointi menetetty hetki yhdessä koska .

מְדַבְּרֵי אֶלְפָא וְכֹל אָזְלֵי בְּאֶלְפָא לְדוּכְיָתָא וְאֶלְפָרָא וְכֹל
kaikki ja laivankapteenit ja paikoille laivassa matkustaja kaikki ja laivat johtaja

דְּבַיָּמָא פַּלְחִין מִן רוּחְקָא קָמוּ:
seisoi kauempana toimivat merellä jotka

Koska yhdessä hetkessä on menetetty tällainen hyvinvointi. Ja kaikki suurimmat laivat ja kaikki laivojen matkustajat, ja kapteenit, ja kaikki, jotka merellä toimivat, seisoivat kauempana.

Johanneksen ilmestys

Luku 18.

¹⁸ וּבְכָאוּהּ כַּד חָזֵין תְּנָנָא דִיקַדְנָהּ וְאָמְרִין מַן הִי דְּדָמְיָא
. kaltainen on mikä sanoivat ja palamisen savu näkivät kun valittivat ja
לִמְדִינְתָּא רַבְּתָא:
valtava kaupungille

Ja valittivat, kun näkivät palamisensa savun, ja sanoivat, "mikä on tämän valtavan kaupungin kaltainen?"

¹⁹ וְאַרְמִיו עַפְרָא עַל רֵשֵׁיהוֹן וּקְעוֹ כַּד בָּכֵין וְאָבִילִין
. valittivat ja itkivät kun huusivat ja päänsä ylle multaa heittivät ja
וְאָמְרִין וַי וַי מְדִינְתָּא רַבְּתָא אִידָא דְּבָהּ עֲתַרוּ אִילֵין דְּאִית
oli joilla nämä rikastuivat kautta jonka valtava kapunki voi voi sanoivat ja
לְהוֹן אֶלְפָא בְּיַמָּא מִן אִיקָרָהּ דְּבַחְדָא שָׁעָא חֶרְבַּת:
tuhoutui hetki yhdessä loistostaan meressä laivat heille

Ja he heittivät multaa päänsä ylle, ja kun he huusivat ja itkivät, ja valittivat, he sanoivat, "voi, voi sitä valtavaa kaupunkia, jonka kautta ne rikastuivat, joilla oli laivoja meressä... Yhdessä hetkessä se tuhoutui loistostaan!"

²⁰ אֶתְפַּצְחוּ עֲלֶיהּ שְׁמַיָּא וְקַדִּישָׁא וּשְׁלִיחָא וּנְבִיָּא מֶטֻל דָּדָן
. tuominnut koska profeetat ja apostolit ja pyhät ja taivaat hänestä riemuitkaa
אֱלָהָא דִּינְכוֹן מִנַּהּ:
hänen tuomiosi Jumala

Riemuitkaa hänestä, taivaat ja pyhät, ja apostolit ja profeetat, koska Jumala on tuominnut hänen tuomioillaan!

²¹ וּשְׁקַל חַד מִן מַלְאֲכָא חִילְתָנָא כֵּאפָא רַבְּתָא אֵיךְ רַחְיָא
. myllynkivi kuin valtava kivi voimallinen enkeleistä yksi otti ja
וְאַרְמִי בְּיַמָּא וְאָמַר הָכַנָא בַּחְאפָא תִּשְׁתְּדֵא בָּבִיל מְדִינְתָּא
kaupunki Babil heitetään väkivallassa näin sanoi ja meressä heitti ja
רַבְּתָא וְלָא תִּשְׁתְּכַח תּוּב:
enää olemassa eikä valtava

Ja yksi voimallisista enkeleistä otti valtavan kiven, kuin myllynkiven, ja heitti mereen ja sanoi, "tällä tavalla, väkivallassa, heitetään tuo valtava kaupunki, Babil, eikä sitä ole enää olemassa!"

Luku 18.

²² וקלא דקיתרא ודשיפורא ודזני זמרא ודמזעוקא לא
ei   huutoa ja   laulajia useita ja   sofareiden ja   kitaroiden ääni ja   .

נשתמע בכי תוב:
enää sinussa   kuulla

Eikä sinussa kuulla enää kitaroiden ja sofareiden, ja monien laulajien, huutoa ja ääntä.

²³ ונוהרא דשרגא לא נתחזא לכי תוב וקלא דחתנא וקלא
ääni ja   sulhasen   ääni ja   enää sinulle ilmesty   ei   lampun   valkeus ja   .

דכלתא לא נשתמע בכי תוב מטל דתגריכי אית הוו
olivat olleet   kauppiaasi   koska enää sinussa   kuulla   ei   morsiamen

רורבניה דארעא מטל דבחרשיכי אטעיתי לכלהון עממא:
kansakunnat   ne kaikki   pettänyt   velhouksillasi   koska   maan   suurmiehet

Eikä lampun valkeus enää sinulle ilmesty, eikä sulhasen ääntä ja morsiamen ääntä sinussa enää kuulla, sillä kauppiaasi olivat olleet maan suurmiehiä; sillä velhouksillasi sinä olet pettänyt kaikki kansakunnat.

²⁴ ובה אשתכח דמא דנביא וקדישא דקטילין על ארעא:
maan   yllä   tapettujen   pyhät ja profeettojen   veri   löytyi hänestä ja   .

Ja hänestä löytyi profeettojen veri, ja maan päällä tapettujen pyhien veri.

Johanneksen ilmestys

Luku 19.

19 וּמֶן בָּתַר הָלֵין שִׁמְעֵת קָלָא רַבָּא דְּכֶנְשָׁא סַגִּיאָא
        monien väkijoukkojen valtava   ääni   kuulin näiden jälkeen ja

בִּשְׁמַיָּא דְּאָמְרִין הַלְלוּיָא פּוּרְקָנָא וְתֶשְׁבּוּחְתָּא וְחַיְלָא
    valta ja   kirkkaus ja lunastus halleluja sanoen taivaissa

לַאלָהַן:
Jumalallemme

Ja näiden jälkeen minä kuulin valtavan, monien väkijoukkojen äänen taivaissa, sanoen,
"halleluja, pelastus ja kirkkaus ja valta meidän Jumalallemme!"

² מֶטֻּל דְּשַׁרִירִין וְכָאנִין דִּינוֹהִי מֶטֻּל דְּדָן לְזָנִיתָא רַבְּתָא
   valtava huoralle tuomitsi koska tuomionsa oikeat ja   totuudet koska

אַיְדָא דְּחַבְּלַת לְאַרְעָא בְּזָנְיוּתָהּ וּתְבַע דְּמָא דְּעַבְדּוֹהִי
 palvelijoidensa veri vaatinut ja haureudessaan   maalle   turmellut joka

מֶן אִידַהּ:
kädestään

Koska hänen totuutensa ja tuomionsa ovat oikeat, sillä hän tuomitsi sen valtavan huoran,
joka turmeli maan haureudessaan, ja hän on vaatinut hänen kädestään palvelijoidensa
veren.

³ דְּתַרְתֵּין אָמְרוּ הַלְלוּיָא וּתְנָנָהּ סָלֵק לְעָלַם עָלְמִין:
 iankaikkisuuksiin iankaikkisuudelle kohoaa savunsa ja halleluja sanoivat he jälleen

Ja taas he sanoivat, "halleluja!" Ja sen savu kohoaa aina ja iankaikkisesti.

⁴ וּנְפַלוּ עֶסְרִין וְאַרְבְּעָא קַשִּׁישִׁין וְאַרְבַּע חַיוָן וּסְגֶדוּ לַאלָהָא
  Jumalalle palvoivat ja olennot neljä ja vanhimmat   neljä ja 20 kumartuivat ja

דְּיָתֵב עַל כּוּרְסְיָא וְאָמְרִין אָמִין הַלְלוּיָא:
   halleluja amen sanoivat ja valtaistuin yllä istuva

Ja 24 vanhinta ja neljä olentoa kumartuivat, ja palvoivat Jumalaa, joka istuu valtaistuimen
yllä, ja sanoivat, "amen, halleluja!"

⁵ וְקָלָא מֶן כּוּרְסְיָא דְּאָמַר שַׁבַּחוּ לַאלָהַן כֻּלְהוֹן עַבְדּוֹהִי
 palvelijat he kaikki Jumalallemme ylistäkää sanoi joka valtaistuimesta   ääni ja

וְדָחְלַי שְׁמֵהּ כֻּלְהוֹן זְעוּרָא עַם רוּרְבָא:
       suuret kanssa pienet he kaikki nimen palvojat ja

Johanneksen ilmestys

Ja ääni valtaistuimesta sanoi, "ylistäkää Jumalaa, kaikki palvelijat ja nimen palvojat, kaikki pienet, suurien kanssa!"

⁶ וֹשמעת קלא איך דכנשא סגיאא ואיך קלא דמיא סגיאא
. ja kuulin ääni kuin ja monien väkijoukkojen kuin ja ääni vesien monien

ואיך קלא דרעמא חילתנא דאמרין הלליא מטל דאמלך
ja kuin ääni ukkosten voimallinen sanoen halleluja koska hallitsee

מריא אלהא אחיד כל:
Herra Jumala ylläpitää kaikki

Ja minä kuulin kuin monien väkijoukkojen äänen, ja kuin monien vesien äänen, ja kuin voimallisten ukkosten äänen, sanoen, "halleluja! Sillä Herra, joka ylläpitää kaikkea, hallitsee!"

⁷ חדינן ומתפצחינן נתל לה תשבוחתא מטל דאתת
riemuitsemme ja juhlimme annamme hänelle kirkkaus koska tullut

משתותה דאמרא ואנתתה טיבת נפשה:
hääjuhla karitsan ja vaimo valmistanut sielunsa

Me riemuitsemme ja juhlimme, annamme hänelle kunnian, sillä karitsan hääjuhla on alkanut, ja vaimo on sielunsa valmistanut!

⁸ ואתיהב לה דתתעטף בוצא דכיא ונהירא בוצא גיר
. ja annettiin hänelle pukeutua vaatteet puhtaat ja valkeat vaatteet sillä

תריצתא אנין דקדישא:
oikeamielisyys ovat pyhien

Ja hänen annettiin pukeutua puhtaisiin, valkoisiin vaatteisiin, sillä vaatteet ovat pyhien oikeamielisyys.

⁹ ואמרו לי כתוב טוביהון לאילין דלחשמיתא דמשתותה
. ja sanottiin minulle kirjoita siunaukset niille aterian hääjuhlan

דאמרא איתיהון קריא ואמר לי הלין מלא דשרירן
karitsan ne ovat kutsutut ja sanoi minulle nämä sanat totuuden

דאלהא איתיהין:
Jumalan ovat

Johanneksen ilmestys

Luku 19.

Ja minulle sanottiin, "kirjoita: hänen siunauksensa niille, jotka ovat karitsan hääjuhlaan kutsutut!" Ja hän sanoi minulle, "Nämä ovat Jumalan totuuksien sanoja."

¹⁰ ונפלת קדם רגלוהי וסגדת לה ואמר לי לא כנתך איתי
    olen palvelija älä! minulle sanoi ja hänelle palvoin ja jalkojensa edessä kumarruin ja

ודאחיך הלין דאית להון סהדותא דישוע לאלהא סגוד
    palvo Jumalalle   Jeshuan   todistus   heille on joilla   nämä   veljesi

יתיראית סהדותא גיר דישוע איתיה רוחא דנביותא:
  profetian   henki   on Jeshuan sillä todistus ennemmin

Ja minä kumarruin hänen jalkojensa edessä ja palvoin häntä, ja hän sanoi minulle, "älä! Minä olen veljiesi palvelija, niiden, joilla on Jeshuan todistus. Ennemmin, palvo Jumalaa! Sillä Jeshuan todistus on profetian henki."

¹¹ וחזית שמיא דפתיח והא סוסיא חורא ודיתב עלוהי
  sen ylle istuva ja valkoinen hevonen katso ja avautuen taivaat näin ja

מתקרא מהימנא ושרירא ובכאנותא דאן ומקרב:
  taistelee ja tuomitsee vanhurskaudessa ja totuus ja uskollinen kutsutaan

Ja minä näin, taivaat avautuivat, ja katso, valkoinen hevonen, ja sen yllä istuvaa kutsutaan "uskollinen ja totuus", ja hän taistelee ja tuomitsee vanhurskaudessa.

¹² עינוהי דין איך שלהביתא דנורא ועל רשה תאגא
  kruunuja päänsä yllä ja   tulen   liekit mutta kuin silmänsä

סגיאא ואית לה שמא כתיבא אינא דלא ידע אלא אן הו
  hän vain mutta tunne eivät jota kirjoitettu nimi hänelle on ja monia

Mutta hänen silmänsä ovat kuin tulen liekit, ja päänsä yllä on monia kruunuja, ja hänelle on kirjoitettu nimi, jota ei tiedetä – vain hän tietää sen.

¹³ ומעטף מאנא דזליע בדמא ומתקרא שמה מלתא
   sana   nimi kutsutaan ja veressä kastettu vaate pukunaan ja

דאלהא:
Jumalan

Ja pukunaan hänellä on veressä kastettu vaate, ja nimi, jolla häntä kutsutaan, on Jumalan sana.

Johanneksen ilmestys

Maanaa, vaate, esiintyy vain talmudissa ja peshittassa, ei targumissa ollenkaan. 22x Ut, Esim. Mark.2:21, Apt.10:16 (!), Room.9:22 "vihan vaatteet, jotka ovat sopivat kadotukseen", ym. Kastettu ei tarkoita vesikastetta, ma'amad.

¹⁴ וחילותא דשמיא נקיפין הוו לה על רכשא חורא
valkeat hevoset yllä hänelle oli liittyi taivaan sotajoukko ja .

ולבישין בוצא חורא ודכיא:
puhtaat ja valkeat vaatteet pukeutuneet ja

Ja taivaiden sotajoukko liittyi häneen, valkoisilla hevosilla, ja pukeutuneina valkoisiin ja puhtaisiin vaatteisiin.

Israel Bible Societyn kirjassa "papillinen palvelujoukko, joka on taivaissa, liittyi..."; ופלחותא דבשמיא.

¹⁵ ומן פומהון נפקא חרבא חריפתא דבה נקטלון לעממא
kansakunnat tapetaan kautta jonka terävät miekat lähti heidän suustaan ja .

והו נרעא אנון בשבטא דפרזלא והו דאש מעצרתא
viinipuristamo tallaa hän ja raudan sauvassa heitä paimentava hän ja

דרוגזה דאלהא אחיד כל:
kaikki ylläpitää Jumalan vihan

Ja heidän suustaan lähti terävät miekat, joiden kautta kansakunnat tapetaan, ja hän on paimentava heitä rautaisella sauvalla, ja hän on tallaava sen Jumalan vihan viinipuristamon, hänen, joka ylläpitää kaiken.

¹⁶ ואית לה על מאנוהי על עטמתה שמא כתיבא מלכא
kuningas kirjoitettu nimi kylkensä ylle vatteet yllä hänelle on ja .

דמלכא ומרא דמרותא:
herrojen Herra ja kuningasten

Ja hänellä on vaatteisiin, kylkensä päälle, kirjoitettu nimi; kuningasten kuningas ja herrojen Herra.

¹⁷ וחזית אחרנא מלאכא דקאם בשמשא וקעא בקלא רמא
kova äänessä huusi ja auringossa seisovan enkeli toinen näin ja .

ואמר לפרחתא דפרחא מצעת שמיא תו אתכנשו
kokoontukaa tulkaa taivaat keskellä lentävät jotka linnuille sanoi ja

Johanneksen ilmestys

Luku 19.

לחשמיתא רבתא דאלהא:
Jumalan valtava aterialle

Ja minä näin toisen enkelin seisovan auringossa, ja hän huusi kovalla äänellä ja sanoi linnuille, jotka lentävät taivaiden keskellä, "tulkaa, kokoontukaa valtavalle Jumalan aterialle!"

18 דתאכלון בסרא דמלכא ובסרא דרשי אלפא ובסרא
. syömään lihassa kuninkaiden ja lihassa päämiesten tuhannet ja lihassa
דעשינא ובסרא דרכשא ודאילין דיתבין עליהון ובסרא
sotilaiden lihassa ja hevosten niiden ja istuvien yllään heidän ja lihassa
דחארא ודעבדא ודזעורא ודרורבא:
vapaiden ja työläisten ja pienten ja suurten

Syömään kuninkaiden lihaa ja tuhannen päämiesten lihaa ja sotilaiden lihaa ja hevosten lihaa, ja niiden yllä istuvien, ja vapaiden lihaa ja palvelijoiden lihaa, ja pienten ja suurten!

19 וחזית לחיותא ולחילותה ומלכא דארעא ולפלחיהון
heidän palvelijansa ja maan kuninkaat ja sen sotajoukot ja olennolle näin ja .
דמכנשין למעבד קרבא עם הו דיתב על סוסיא ועם
kanssa ja hevonen yllä istuva hän kanssa sotaa tekemään kokoontuen
פלחוהי:
palvelijoidensa

Ja minä näin olennon ja sen sotajoukot, ja maan kuninkaat ja heidän palvelijansa kokoontuvan sotimaan häntä vastaan, joka istuu hevosen yllä, ja hänen palvelijoitaan vastaan.

20 ואתתצידת חיותא ונביא דגלא עמה הו דעבד אתותא
merkkejä teki joka hän kanssa valheen profeetta ja olento vangittiin ja .
קדמיה דבהין אטעי לאילין דנסבו רושמא דחיותא
olennon merkki ottivat jotka nämä vietteli joilla sen edessä
ולאילין דסגדו לצלמה ונחתו תריהון ואתרמיו בימתא
meressä heitettiin ja molemmat laskeutuivat patsaalle palvojat jotka nämä ja
דנורא דיקדא ודכבריתא:
tulikiven ja palava tulen

Johanneksen ilmestys

Ja olento vangittiin, ja sen kanssa valheen profeetta, joka teki merkkejä sen edessä, joilla se vietteli nämä, jotka ottivat olennon merkin, ja nämä, jotka palvoivat patsasta, ja molemmat laskeutuivat, ja heitettiin mereen, joka palaa tulta ja tulikiveä.

²¹ וּדְשַׁרְכָא דִין אִתְקְטִלוּ בְּחַרְבָּה דְּהוּ דִיתֵב עַל סוּסִיָא
     ja loput   mutta tapettiin miekassa hänen istuva yllä hevonen

בְּאִידָא דְנָפְקָא מִן פּוּמֵהּ וְכֻלְּהֵי טֵירָא שְׂבַעַת מִן בִּסְרְהוֹן:
kautta joka lähti suustaan ja kaikki korppikotkat täyttyivät heidän lihastaan

Ja loput tapettiin hevosen yllä istuvan miekalla, joka lähti hänen suustaan, ja kaikki korppikotkat tulivat täyteen heidän lihoistaan.

Luku 19.

Johanneksen ilmestys

20 וחזית אחרנא מלאכא דנחת מן שמיא דאית עלוהי
.   ja näin   toinen   enkeli   laskeutui   taivaista   oli jolla   kanssaan

קלידא דתהומא ושישלתא רבתא באידה:
avain   syvyyden   ja kahle   valtava   kädessään

Ja minä näin; taivaista laskeutui toinen enkeli, jolla oli mukanaan syvyyden avain, ja kädessään valtavat kahleet.

² ולבכה לתנינא חויא קדמיא הו דאיתוהי אכלקרצא
.   ja kiinniotti lohikäärmeelle   käärme   ensimmäinen   hän   joka on   paholainen

וסטנא ואסרה אלף שנין:
ja satana   ja sitoi   tuhat   vuodet

Ja otti kiinni lohikäärmeen, sen ensimmäisen käärmeen, hänet, joka on paholainen ja saatana, ja sitoi hänet tuhanneksi vuodeksi.

³ וארמיה בתהומא ואחד וטבע לעל מנה דלא תוב נטעא
.   ja heitti   syvyydessä   ja sulki   ja sinetöi sen yläpuolelle   ettei   enää   viettelevä

לכלהון עממא בתר הלין יהיב למשריה קליל זבנא:
ne kaikki   kansakunnat   näiden jälkeen   annetaan vapautukselle vähäinen aikaa

Ja heitti syvyyteen, ja sulki ja sinetöi sen yläpuolen, ettei se enää viettele kaikkia kansakuntia. Näiden jälkeen hänet annetaan vapaaksi vähäksi aikaa.

⁴ וחזית מותבא ויתבו עליהון ודינא אתיהב להון ונפשתא
.   ja näin   istuimia   istuivat ja   niiden yllä   ja tuomio   annettiin   heille   ja sielut

הלין דאתפסק מטל סהדותא דישוע ומטל מלתא דאלהא
nämä   jotka poisleikatut   tähden   todistus   Jeshuan   ja tähden   sana   Jumalan

ודאילין דלא סגדו לחיותא ולא לצלמה ולא נסבו רושמא
sillä nämä   ei   palvoivat   olennolle   eikä   patsaalle   eikä   ottivat   merkki

על בית עיניהון או על אידיהון דחיו ואמלכו עם
yllä välissä   silmiensä   tai   yllä   käsissään   elivät   ja hallitsi   kanssa

משיחא אלף שנין:
Messiaan   tuhat   vuosia

Ja minä näin istuimia, ja niiden yllä istuttiin, ja heille annettiin tuomio; niille, jotka ovat leikattu pois Jeshuan todistuksen tähden ja Jumalan sanan tähden, sillä nämä eivät palvo-

Johanneksen ilmestys

neet olentoa tai patsasta, eivätkä ottaneet merkkiä otsaansa tai käsiinsä, jotka elivät ja hallitsivat tuhat vuotta, Messiaan kanssa.

⁵ והדא הי קימתא קדמיתא:
ensimmäinen ylösnousemus on   tämä   .

Tämä on ensimmäinen ylösnousemus.

⁶ טובנא הו וקדישא מן דאית לה מנתא בקימתא קדמיתא
ensimmäinen ylösnousemuksessa osa hänelle on jolla pyhä ja hän siunattu .
ועל הלין לית שולטנא למותא תנינא אלא נהוון כהנא
papit   oleva   mutta toinen kuolemalla valtaa ole ei yllä ja
לאלהא ודמשיחא ונמלכון עמה אלף שנין:
vuodet tuhat kanssa hallitsevat Messiaan ja Jumalalle

Siunattu ja pyhä hän, jolla on osa ensimmäisessä ylösnousemuksessa, ja häneen ei toisella kuolemalla ole valtaa, vaan on oleva pappi Jumalalle, ja hallitseva Messiaan kanssa tuhat vuotta.

⁷ ומא דאשתלם אלף שנין נשתרא סטנא מן חבושיה:
vankilastaan satana päästetään vuodet tuhat päättyneet kun ja .

Ja kun tuhat vuotta on päättynyt, päästetään saatana vankilastaan.

⁸ ונפוק למטעיו לכלהון עממא בארבע זויתה דארעא לגוג
Gog'lle maan ääret neljässä kansakunnat ne kaikki viettelemään lähtee ja .
ולמגוג ולמכנשו אנון לקרבא אילין דמנינהון איך חלא
hiekka kuin määränsä nämä sodalle heidät kokoamaan ja Magog'lle ja
דימא:
meren

Ja hän lähtee viettelemään kaikkia kansakuntia, maan neljässä ääressä, Googia ja Maagogia, kootakseen heidät sotimaan. Niiden määrä on kuin meren hiekka.

⁹ וסלקו על פתיה דארעא וחדרוה למדינתא דמשריתא
leirin   kaupungille ympäröi ja   maan   aukea   ylle sotimaan ja .
דקדישא ולמדינתא חביבתא ונחתת נורא מן שמיא
taivaista tuli laskeutui ja rakastettu kaupungille ja pyhien

Luku 20.

Johanneksen ilmestys

Luku 20.

מן אלהא ואכלת אנון:
    heidät   söi ja   Jumalasta

Ja he sotivat aukean maan päällä, ja ympäröivät kaupungin, pyhien lepopaikan, ja rakastetun kaupungin, ja tuli laskeutui taivaista, Jumalasta, ja söi heidät.

¹⁰ ואכלקרצא מטעינהון אתרמי בימתא דנורא וכבריתא
  tulikiveä ja   tulen meressä heitettiin viettelijänsä paholainen ja

איכא דחיותא ונביא דגלא ונשתנקון איממא וליליא לעלם
iankaikkisuudelle yöllä ja päivällä kidutetaan valheen profeetta ja olennon jossa

עלמין:
iankaikkisuudet

Ja paholainen, heidän viettelijänsä, heitettiin tulen ja tulikiven mereen, jossa on se olento ja väärä profeetta, ja heitä kidutetaan päivällä ja yöllä, aina ja iankaikkisesti.

¹¹ וחזית כורסיא רבא חורא ולדיתב לעל מנה הו דמן
  jonka hän sen yllä istuva ja valkoinen suuri valtaistuin näin ja

קדם אפוהי ערקת ארעא ושמיא ואתר לא אשתכח להון:
heille löytynyt ei paikkaa ja taivaat ja maa pakeni kasvojaan edessä

Ja minä näin; suuri, valkoinen valtaistuin, ja sen yllä istuja, jonka kasvojen edestä pakenivat maa ja taivaat, eikä niille löytynyt paikkaa.

¹² וחזית למיתא רורבא וזעורא דקמו קדם כורסיא וספרא
  kirjat ja valtaistuin edessä seisomassa vähäiset ja suuret kuolleet näin ja

אתפתחו ואחרנא ספרא אתפתח דאיתוהי דדינא ואתדינו
tuomittiin ja tuomion on joka avattiin kirja toinen ja avattiin

מיתא מן אילין דכתיבן בספרא איך עבדיהון:
tekonsa kuin kirjassa kirjoitetut näistä kuolleet

Ja minä näin; kuolleet, suuret ja vähäiset, seisomassa valtaistuimen edessä, ja kirjat avattiin, ja avattiin toinen kirja, joka on tuomion, ja kuolleet tuomittiin, niin kuin heidän teoistaan oli kirjoitettu siinä kirjassa.

Gemara, Tract Aboda Zaba / Talmud Bavli, kertoo, että "tulevaisuudessa Pyhä – siunattu olkoon Hän – ottaa kirjan käteensä ja antaa palkinnon niille, jotka tuntevat sen kirjan. Silloin kaikki kansat on koottu yhteen, valtavaksi joukoksi, Jes.43:9". Talmudissa on paljon muutakin tästä aiheesta.

Johanneksen ilmestys

Luku 20.

¹³ ויהב ימא מיתא דבה ומותא ושיול יהבו מיתא
kuolleet   antoi Sheol ja kuolema ja siinä jotka kuolleet meri antoi ja
דצאידיהון ואתדין חד חד מנהון איך עבדיהון:
heidän tekonsa kuin heistä yksi jokainen tuomittiin ja heidän kanssaan jotka

Ja meri antoi ne kuolleet, jotka siinä ovat, ja kuolema ja Sheol antoivat kuolleensa, ja jokainen heistä tuomittiin tekojensa mukaan.

¹⁴ ומותא ושיול אתרמיו בימתא דנורא הנא איתוהי מותא
kuolema on   tämä   tulen   meressä heitettiin Sheol ja kuolema ja
תנינא:
lohikäärme

Ja kuolema ja Sheol heitettiin tulimereen. Tämä on lohikäärmekuolema.

Käytän nyt tässä sanaa lohikäärme, niin kuin se onkin. Voi olla, että "lohikäärmekuolema" –termillä on tarkoitettu nimenomaan tätä tapahtumaa, ja koska asia on sen verran epäselvä, tanaina on perinteisesti käännetty 'toinen' näissä kohdissa. Jae 6, ja kerran kirjan alkupuolella.

¹⁵ ואינא דלא אשתכח דרשים בכתבא דחיא אתרמי
heitettiin elämän kirjassa kirjattu löytynyt ei joka   se ja
בימתא דנורא:
tulen   meressä

Ja se, jota ei löytynyt kirjoitettuna elämän kirjassa, heitettiin tuliseen mereen.

Johanneksen ilmestys

21 וחזית שמיא חדתתא וארעא חדתא שמיא גיר
    sillä taivaat uusi maa ja uudet taivaat näin ja .

קדמיתא וארעא קדמיתא אזלו וימא ליתוהי תוב:
enää ollut ei meri ja poissa ensimmäiset maa ja ensimmäinen

Ja minä näin uudet taivaat ja uuden maan, sillä ensimmäiset taivaat ja ensimmäinen maa olivat poissa, eikä merta enää ollut.

² ולמדינתא קדישתא אורשלם חדתא חזיתה דנחתא
   laskeutuvan näin minä uusi Jerusalem pyhin kaupungille ja .

מן שמיא מן צד אלהא דמטיבא איך כלתא מצבתתא
kaunistettu morsian kuin valmistetun Jumala vierestä taivaista

לבעלה:
aviomiehelle

Ja pyhimmän kaupungin, uuden Jerusalemin, minä näin laskeutuvan taivaista, Jumalan vierestä, valmistettu kuin morsian, sulhaselleen kaunistettu.

³ ושמעת קלא רבא מן שמיא דאמר הא משריא דאלהא
  Jumalan lepopaikka katso sanoi joka taivaista suuri ääni kuulin ja .

עם בנינשא ושרא עמהון והנון עמא דילה נהוון והו
hän ja oleva hänen kansa nämä ja heidän kanssaan lepää ja ihmislapset kanssa

אלהא עמהון ונהוא להון אלהא:
Jumala heille oleva ja kanssaan Jumala

Ja minä kuulin taivaista suuren äänen, joka sanoi, "katso, Jumalan lepopaikka ihmislasten kanssa! Ja hän lepää heidän kanssaan, ja tämä on oleva hänen kansansa, ja hän, Jumala, on heidän kanssaan, ja hän on oleva heille Jumala."

Mashria, leiri tai lepopaikka. Toin nyt tähän käännösvaihtoehdon. TgGen.32:8, TgIs.13:22, TgPs.19:5 ym. "Maja" on ainakin nykysuomessa vähän eri sana. Lepopaikka menee myös verbin shri kanssa yhteen.

⁴ והו נלחא כל דמעא מן עיניהון ומותא לא נהוא מכיל
   enää oleva ei kuolemaa ja silmistään kyyneleen jokaisen pyyhkivä hän ja .

ולא אבלא ולא רובא ולא כאבא תוב נהוא על אפיה:
ansiostaan sillä oleva enää sairautta eikä vanhuutta eikä surua eikä

Johanneksen ilmestys

Luku 21.

Ja hän on pyyhkivä kaikki kyyneleet heidän silmistään, eikä kuolemaa ole enää oleva, eikä surua, eikä vanhuutta, eikä sairautta ole enää oleva, hänen ansiostaan.

⁵ וַאזלת ואמר לי דיתב על כורסיא הא חדתא עבד אנא כל
kaikki minä teen uusi katso valtaistuin yllä istuva minulle sanoi ja kuljin ja .
ואמר לי כתוב הלין מלא מהימנתא ושרירתא איתיהין:
ovat todet ja luotettavat sanat nämä kirjoita minulle sanoi ja

Ja minä kuljin, ja valtaistuimen yllä istuva sanoi minulle, "katso, minä teen uudeksi kaiken." Ja hän sanoi minulle, "kirjoita, nämä sanat ovat luotettavat ja totuudet."

⁶ ואמר לי הוי אנא אלף ואנא תו רשיתא ושולמא לדצהא
janoavalle täyttymys ja alkulähde tav minä ja alef minä tehty minulle sanoi ja .
אנא אתל מן עינא דמיא חיא מגן:
maksutta elämän veden lähteestä annan minä

Ja hän sanoi minulle, "Se on tehty. Minä olen alef, ja minä olen tav. Alkulähde ja täyttymys. Minä annan janoavalle elämän veden lähteestä ilmaiseksi."

⁷ ודזכא הו נארת הלין ואהוא לה אלהא ונהוא לי ברא:
poika minulle oleva hän ja Jumala hänelle oleva minä ja nämä perii hän voittaja .

Ja joka voittaa, hän perii nämä, ja minä olen oleva hänelle Jumala, ja hän on oleva minulle poika.

⁸ לקנוטתנא דין ולא מהימנא ועולא ומסיבא וקטולא
murhaajat ja saastaiset ja pahat ja epäuskoiset ja mutta pelkurille .
וחרשא וזניא ופלחי פתכרא וכלהון דגלא מנתהון
osansa valehtelijat he kaikki ja epäjumalat palvojat ja huoraajat ja noidat ja
בימתא יקדתא דנורא וכבריתא אידא דאיתיה מותא
kuolema on joka tulikiveä ja tulen palaa meressä
תנינא:
lohikäärme

Mutta pelkurit ja epäuskoiset, ja pahat ja saastaiset, ja murhaajat ja noidat, ja huoraajat ja epäjumalien palvojat ja kaikki valehtelijat; heidän osansa on meressä, joka palaa tulta ja tulikiveä – joka on lohikäärmekuolema.

Johanneksen ilmestys

Luku 21.

⁹ וְאָתָא חַד מִן שַׁבְעָא מַלְאָכִין אִילֵין דְּאִית עֲלַיְהוֹן שְׁבַע
   seitsemän heidän yllään oli jolla nämä enkelit seitsemästä yksi tuli ja .

זְבוּרִין דִּמְלֵין שְׁבַע מַחְוָתָא אַחְרָיָתָא וּמַלֵּל עַמִּי לְמֵאמַר
  sanoen kanssani puhui ja viimeiset vitsaukset seitsemän täydet astiat

תָּא אֲחַוֵּיךְ לְכַלְּתָא אַנְתְּתֵהּ דְּאִמְּרָא:
   karitsan vaimo morsiamelle näytän tule

Ja tuli yksi seitsemästä enkelistä, niistä, joilla oli ne seitsemän astiaa, täynnä seitsemää viimeistä vitsausta, ja hän puhui kanssani sanoen, "tule, minä näytän sinulle morsiamen, karitsan vaimon."

¹⁰ וְאוֹבְלַנִי בְּרוּחַ לְטוּרָא רַבָּא וְרָמָא וְחַוְיַנִי לִמְדִינְתָּא
  kaupungille näytti ja korkea ja suuri vuorelle hengessä kantoi minut ja .

קַדִּישְׁתָּא אוּרְשְׁלֶם דְּנַחְתָּא מִן שְׁמַיָּא מִן צֵיד אֱלָהָא:
   Jumala vierestä taivaista laskeutui Jerusalem pyhin

Ja hän kantoi minut hengessä korkealle ja suurelle vuorelle, ja näytti minulle pyhimmän kaupungin, Jerusalemin, joka laskeutui taivaista, Jumalan vierestä.

¹¹ וְאִית לַהּ תֶּשְׁבּוּחְתָּא דַּאֱלָהָא וְנוּהְרַהּ אֵיךְ דְּמוּתָא דְּכֵאפָא
   kivien kaltainen kuin valkeutensa ja Jumalan kirkkaus sille oli ja .

יַקִּירְתָּא אֵיךְ יַשְׁפֵּה אֵיךְ דּוּמְיָא דִּקְרוּסְטַלּוֹס:
   kristallin olemuksen kuin jaspis kuin kalliiden

Ja sillä oli Jumalan kirkkaus, ja sen valkeus oli kalliiden kivien kaltainen, kuin jaspis, ja olemus kuin kristallin.

¹² וְאִית לַהּ שׁוּרָא רַבָּא וְרָמָא וְאִית לַהּ תַּרְעָא תְּרֵעְסַר וְעַל
   yllä ja kaksitoista portit sille oli ja korkea ja suuri muuri sille oli ja .

תַּרְעָא מַלְאֲכָא תְּרֵעְסַר וּשְׁמָהַיְהוֹן כְּתִיבָא אִילֵין דְּאִיתַיְהוֹן
  ovat jotka nämä kirjoitetut heidän nimensä ja kaksitoista enkelit portit

שְׁמָהֵא דִּתְרֵעְסַר שִׁבְטָא דְּאִיסְרָיֵל:
   Israelin sukukunnat kahdentoista nimet

Ja sillä oli korkea ja suuri muuri, ja sillä oli 12 porttia, ja porttien yllä 12 enkeliä, ja siihen on kirjoitettu ne nimet, jotka ovat Israelin kahdentoista sukukunnan nimet.

Johanneksen ilmestys

Luku 21.

¹³ מן מדנחא תרעא תלתא ומן גרביא תרעא תלתא
    kolme portit pohjoisesta ja kolme portit idästä .
ומן תימנא תרעא תלתא ומן מערבא תרעא תלתא:
    kolme portit lännestä ja kolme portit etelästä ja

Idästä kolme porttia, ja pohjoisesta kolme porttia, ja etelästä kolme porttia ja lännestä kolme porttia.

¹⁴ ושורא דמדינתא אית לה שתאסא תרתעסרא ועליהין
    niiden yllä ja kahdettoista perustukset sille on kaupungin muuri ja .
תרעסר שמהא דשליחוהי דברא:
    Pojan apostolin nimet kaksitoista

Ja kaupungin muurilla on kahdettoista perustukset, ja niiden yllä Pojan kahdentoista apostolin nimet.

¹⁵ והו דממלל הוא עמי אית הוא עלוהי קניא דמשוחתא
    mittaus ruoko yllään hän on kanssani oli puhuen hän ja .
דדהבא למשחה למדינתא ולשורה:
    muurille ja kaupungille mitatakseen kultainen

Ja hänellä, joka puhui kanssani, oli yllään kultainen mittaruoko, mitatakseen kaupungin ja muurin.

¹⁶ ומדינתא מרבעאית סימא ואורכה איך פתיה ומשחה
    mittasi ja leveys kuin pituus ja asetettu neljä puolta kaupunki ja .
למדינתא בקניא על תרעסר אלפין אסטדותא אורכה
    pituus stadioita tuhannet kaksitoista yllä ruo'olla kaupungille
ופתיה ורומה שוין אנון:
    ovat samat korkeus ja leveys ja

Ja kaupungissa oli neljä puolta asetettuna, ja pituus sama kuin leveys, ja hän mittasi ruo'lla kaupungin yltä; 12000 stadiaa – pituus ja leveys ja korkeus ovat samat.

¹⁷ ומשחה לשורה מאא וארבעין וארבע אמין במשוחתא
    mitassa kyynäriä neljä ja 40 ja sata muurinsa mittasi ja .
דאנשא אידא דאיתיה דמלאכא:
    enkelin on joka sellainen ihmisen

Johanneksen ilmestys

Luku 21.

Ja hän mittasi sen muurin, 144 kyynärää sellaisen ihmisen mitalla, joka on sanansaattaja.

¹⁸ ודומסא דשורה ישפה ומדינתא דדהבא דכיא בדמותא
           kaltainen puhdas kultainen kaupunki ja jaspis muurin rakennus ja .

דזגוגיתא דכיתא:
      puhtaan   lasinen

Ja muurin rakennus oli jaspista, ja kaupunki puhdasta kultaa, puhtaan lasisen kaltainen.

¹⁹ ושתאסא דשורא דמדינתא בכאפא יקירתא מצבתן
    kaunistettu kalliissa kivissä kaupungin muurin perustus ja .

ושתאסתא קדמיתא ישפה ודתרתין ספילא ודתלת
   kolmas ja safila toinen ja jaspis ensimmäinen perustus ja

קרכדנא ודארבע זמרגדא:
    smaragdi neljäs ja karkedon

Ja kaupungin muurin perustus oli kaunistettu kalliilla kivillä, ja ensimmäinen perustus jaspis, ja toinen safila, ja kolmas karkedon, ja neljäs smaragdi.

Kivet ovat mitä ovat. Tod.näk. eri, kuin urim ja tumim –kivet. Tutkin tarkemmin, kun ehdin. Aramean sana safir tarkoittaa 'kaunis'. Esim 'kaunis portti' – voisi sanoa 'safiiriportti' peshittassa. Tässä on kuitenkin eri sana.

²⁰ ודחמש סרדון וטפרא ודשת סרדון ודשבע כאף דהבא
    kultainen kivi seitsemäs sardion kuudes ja onyx ja sardion viides ja .

ודתמנא ברולא ודתשע טופנדיון ודעסר כרוספרסא
    krisprasa kymmenes ja topaasi yhdeksäs ja barola kahdeksas ja

דחדעסרא יוכנתוס דתרתעסרא אמותסס:
    amotesis kahdestoista jokintos yhdestoista

Ja viides sardion ja onyx, ja kuudes sardion, seitsemäs kivi on kultainen, ja kahdeksas barola, ja yhdeksäs topaasi, ja kymmenes krisprasa, ja yhdestoista hyasintti, kahdestoista amotesis.

²¹ ותרעסר תרעא ותרתעסרא מרגניתא חדא לחדא וכלחד
  kaikille ja jokaiselle yksi helmiä kaksitoista ja portit kaksitoista ja .

Johanneksen ilmestys

Luku 21.

מן תרעא אית הוא מן חדא מרגניתא ושוקא דין דמדינתא
porteista se din shuuka margenita hadha min hua it tar'a min
kaupungin kuin katu ja helmi yhdestä oli se porteista

דדהבא דכיא איך זגוגיתא אית בה:
kullan puhtaan kuin lasinen on siinä

Ja kaksitoista porttia oli kaksitoista helmeä, yksi jokaiselle, ja kaikki portit olivat yhdestä helmestä, ja kaupungin katu kuin puhdasta kultaa, se on kuin lasinen.

²² והיכלא לא חזית בה מריא גיר אלהא אחיד כל הו
temppeliä ja en nähnyt siinä Herra sillä Jumala ylläpitää kaikki hän

איתוהי היכלה:
on temppeli

Ja temppeliä minä en siinä nähnyt, sillä Herra Jumala, hän, joka ylläpitää kaiken, on temppeli.

²³ ולאמרא ולמדינתא לא מתבעא שמשא ולא סהרא
karitsalle ja kaupungille ja ei tarvita aurinko eikä kuu

דננהרון לה תשבוחתה גיר דאלהא אנהרתה ושרגה
valaiseva sille kirkkaus sillä Jumalan valaisee sen ja lamppunsa

איתוהי אמרא:
on karitsa

Ja karitsalle ja kaupungille ei tarvita aurinkoa eikä kuuta valaisemaan, sillä Jumalan kirkkaus valaisee sen, ja karitsa on sen lamppu.

²⁴ ומהלכין עממא בנוהרה ומלכא דארעא מיתין לה
ja vaeltavat kansakunnat valkeudessa ja kuninkaat maan tuovat sille

תשבוחתא:
kirkkaudet

Ja kansakunnat vaeltavat sen valkeudessa, ja maan kuninkaat tuovat sille kunniaa.

²⁵ ותרעיה לא נתתחדון באיממא לליא גיר לא נהוא תמן:
ja porttejaan ei suljeta päivällä yötä sillä ei oleva siellä

Eikä sen portteja suljeta päivällä, sillä yötä siellä ei ole oleva.

Johanneksen ilmestys

²⁶ וניתון לה תשבוחתא ואיקרא דעממא:
　　　　　　kansakuntien　kalleudet ja　　kirkkaudet sille tuodaan ja

Ja sille tuodaan kansakuntien loiston ja kunniat.

²⁷ ולא נהוא תמן כל טמא ודעבד מסיבותא ודגלותא אלא
　　mutta　　valheita ja　saastutusta tekevää ja　pahaa mitään siellä oleva eikä
אן אילין דכתיבן בכתבה דאמרא:
　　karitsan　　kirjassa　　kirjoitetut　nämä　vain

Eikä siellä ole oleva mitään pahaa, eikä saastuttajaa, eikä valehtelijaa; vain nämä, jotka ovat kirjoitetut karitsan kirjassa.

Luku 21.

Johanneksen ilmestys

22 וחויני נהרא דמיא חיא דכיא אף נהירא איך גלידא
. ja näytti virta veden elämä puhdas myös kirkas kuin kristalli

ונפק מן כורסיה דאלהא ודאמרא:
ja lähti Jumalan valtaistuimesta ja karitsan

Ja hän näytti minulle puhtaan elämän veden virran, joka oli kirkas kuin kristalli, ja se lähti Jumalan ja karitsan valtaistuimesta.

[2] ומצעת שוקיה מכא ומכא על נהרא קיסא דחיא דעבד
. ja keskellä kadun vierellä ja vierellä yllä virran puu elämän joka tuottaa

פארא תרעסר ובכל ירח יהב פארוהי וטרפוהי לאסיותא
kaksitoista hedelmää ja joka kuukausi antaa hedelmänsä ja lehtensä terveydelle

דעממא:
kansakuntien

Ja keskellä, kadun vierellä ja virran varrella, on elämän puu, joka tuottaa 12 hedelmää, ja antaa hedelmänsä joka kuukausi, ja sen lehdet ovat kansakuntien terveydeksi.

[3] וכל חרמא לא נהוא תמן וכורסיה דאלהא ודאמרא בה
. ja mitään kirousta ei oleva siellä ja valtaistuin Jumalan ja karitsan siinä

נהוא ועבדוהי נשמשוניהי:
oleva ja palvelijansa palvelevat häntä

Eikä mitään kirousta ole siellä oleva, ja Jumalan ja karitsan valtaistuin on siinä oleva, ja hänen palvelijansa palvelevat häntä.

[4] ונחזון אפוהי ושמה על בית עיניהון:
. he näkevät kasvonsa ja nimi yllä välissä silmiensä

He näkevät hänen kasvonsa ja heidän otsissaan on nimi.

[5] ולליא לא נהוא תמן ולא נתבעא להון נוהרא ושרגא
. ja yötä ei oleva siellä eikä tarvita heille valoja ja lamppuja

ונוהרה דשמשא מטל דמריא אלהא מנהר להון ומלכהון
ja valoa auringon koska Herra Jumala valaisee heille ja kuninkaansa

לעלם עלמין:
on iankaikkisuudelle iankaikkisuudet

Johanneksen ilmestys

Eikä yötä ole siellä oleva, eikä heille tarvita valoja ja lamppuja, eikä auringon valoa, sillä Herra Jumala valaisee heitä, ja on heidän kuninkaansa aina ja iankaikkisesti.

⁶ וֵאמר לי הלין מלא מהימנן ושרירן ומריא אלהא
. ja sanoi minulle nämä sanat luotettavat ja totuudet ja Herra Jumala

דרוחתא דנביא קדישא שדר למלאכה למחויו לעבדוהי מא
mitä palvelijoilleen näyttääkseen enkelinsä lähetti pyhien profeettojen henki joka

דיהיב למהוא בעגל:
hetkessä tapahtuva annettu

Ja hän sanoi minulle, "nämä sanat ovat luotettavat ja totuudet, ja Herra Jumala, joka on pyhien profeettojen henki, lähetti enkelinsä, näyttääkseen palvelijoilleen, mitä on annettu tapahtuvaksi hetkessä."

⁷ והא אתא אנא בעגל טובוהי למן דנטר מלא דנביותא
. ja katso tulen minä hetkessä siunaukseni sille joka pitää sanat profetian

דכתבא הנא:
kirjan tämä

Ja katso, minä tulen hetkessä. Minun siunaukseni sille, joka pitää tämän kirjan profetian sanat!

⁸ אנא יוחנן דחזא ושמע הלין וכד חזית ושמעת נפלת
. minä Johannan joka näin ja kuulin nämä ja kun näin ja kuulin ja kaaduin

למסגד קדם רגלוהי דמלאכא דמחוא לי הלין:
palvomaan edessä jalkojensa enkelin näyttää minulle nämä

Minä olen Johannan, joka näin ja kuulin nämä, ja kun minä näin ja kuulin, minä kaaduin palvomaan sen enkelin jalkojen edessä, joka näytti nämä minulle.

⁹ ואמר לי חזי לא כנתך איתי ודאחיך נביא ודאילין
. ja sanoi minulle näkijä älä! palvelijasi olen ja veljiesi profeetat ja niiden

דנטרין הלין מלא דכתבא הנא לאלהא סגוד:
jotka pitävät nämä sanat kirjan tämän Jumalalle palvoo

Ja hän sanoi minulle, "näkijä, älä! Minä olen palvelijasi, ja veljiesi profeettojen, ja niiden, jotka pitävät tämän kirjan profetian sanat. Palvo Jumalaa!"

Luku 22.

Johanneksen ilmestys

¹⁰ ואמר לי לא תחתום מלא דנביותא דכתבא הנא זבנא
  ja sanoi minulle älä sinetöi sanat profetian kirjan tämä aika

גיר קרב:
sillä lähellä

Ja hän sanoi minulle, "älä sinetöi tämän kirjan profetian sanoja, sillä aika on lähellä."

¹¹ ודמעול תוב נעול ודצע תוב נצטעצע וזדיקא תוב נעבד
  ja pahantekijän jälleen pahanteko ja tyhmä jälleen tyhmyyttä ja vanhurskas jälleen tekevä

זדיקותא וקדישא תוב נתקדש:
vanhurskautta ja pyhät jälleen pyhitetään

Ja paha tehköön enemmän pahaa, ja tyhmä tyhmyyttä, ja vanhurskas vanhurskautta, ja pyhät pyhitetään.

¹² הא אתא אנא מחדא ואגרי עמי ואתל לכלנש איך
  katso tulen minä pian ja palkintoni kanssani ja annan kaikille kuin

עבדה:
tekonsa

Katso, minä tulen pian, ja minun palkintoni on minun kanssani, ja minä annan jokaiselle tekojensa mukaan.

¹³ אנא אלף ואנא תו קדמיא ואחריא ושוריא ושולמא:
  minä alef ja minä tav ensimmäinen ja viimeinen ja alkulähde ja täyttymys

Minä olen alef, ja minä olen tav. Ensimmäinen ja viimeinen, ja alkulähde ja täyttymys.

¹⁴ טוביהון לדעבדין פוקדנוהי נהוא שולטנהון על קיסא
  siunaukset tekeville käskyjänsä oleva valtansa yli puu

דחיא ובתרעא נעלון למדינתא:
elämän ja porteissa astuvat kaupungille

Siunaukset niille, jotka tekevät hänen käskyjään; heillä on oleva valta elämän puuhun, ja he saavat astua sisään kaupungin porteista.

¹⁵ וזניא וקטולא ופלחי פתכרא לבר וטמאא וחרשא וכל
  ja haureelliset ja murhaajat ja epäjumala palvojat ulkona ja saastaiset ja noidat ja kaikki

Johanneksen ilmestys

חזיי ועבדי דגלותא:
työläiset ja näkijät valheiden

Ja haureelliset ja murhaajat, ja epäjumalien palvojat jäävät ulkopuolelle, ja saastaiset ja noidat, ja kaikki näkijät ja valheiden tekijät.

¹⁶ אנא ישוע שדרת למלאכי דנסהד בכון הלין קדם עדתא
minä Jeshua lähettänyt enkelini todistaen keskellänne näitä seurakunnat edessä

אנא אנא עקרא ושרבתה דדויד ועמה וכוכב צפרא נהירא:
minä minä juuri ja Davidin sukukunnastaan ja kanssanne ja tähti aamu kirkas

Minä, Jeshua, olen lähettänyt enkelini todistamaan näitä keskellänne, seurakunnan edessä, minä, minä olen juuri ja Davidin jälkeläinen, ja olen teidän kanssanne, ja se kirkas aamutähti.

¹⁷ ורוחא וכלתא אמרין תא ודשמע נאמר תא ודצהא
. ja henki ja morsian sanovat tule ja kuuleva sanokoon tule ja janoava

נאתא ונסב מיא חיא מגן:
tulkoon ja ottakoon vesi elämä maksutta

Ja henki ja morsian sanovat, "tule!" – ja joka kuulee, sanokoon, "tule!" – ja joka janoaa, tulkoon, ja ottakoon elämän vettä ilmaiseksi.

¹⁸ מסהד אנא לכל דשמע מלתא דנביותא דכתבא הנא
todistan minä jokaiselle kuuleva sana profetian kirjan tämä

דאינא דנסים עליהין נסים עלוהי אלהא מחותא דכתיבן
se kuka laittava niihin lisää laittava hänen ylleen Jumala vitsaukset kirjoitetut

בכתבא הנא:
kirjassa tässä

Minä todistan jokaiselle, joka kuulee tämän kirjan profetian sanat: se, joka laittaa niihin lisää, Jumala on laittava hänen päälleen tässä kirjassa kirjoitetut vitsaukset.

¹⁹ ואינא דמבצר מן מלא דכתבא דנביותא הדא נבצר
. ja se kuka poistaa sanoista kirjan profetian tämän poistava

אלהא מנתה מן קיסא דחיא ומן מדינתא קדישתא אילין
Jumala osansa . puusta elämän ja kaupungista pyhimmästä nämä

Luku 22.

Johanneksen ilmestys

דכתיבן בכתבא הנא:
tässä　　kirjassa　　kirjoitetut

Ja se, joka poistaa tämän kirjan profetian sanoista, Jumala on poistava hänen osansa elämän puusta ja pyhimmästä kaupungista, niistä, joista tässä kirjassa on kirjoitettu.

²⁰ אמר כד מסהד הלין אין אתא אנא בעגל תא מריא
Herra　tule　hetkessä　minä　tulen　kyllä　nämä　todisti　kun　sanoi

ישוע:
Jeshua

Näiden todistaja sanoi, "kyllä, minä tulen hetkessä." Tule, Herra Jumala, Jeshua!

²¹ טיבותה דמרן ישוע משיחא עם כלהון קדישוהי אמין:
amen　pyhien niiden　kaikkien kanssa　Messias　Jeshua　Herramme siunauksensa

Herramme Jeshuan, Messiaan siunaus olkoon kaikkien pyhien kanssa. Amen.

www.ingramcontent.com/pod-product-compliance
Lightning Source LLC
Chambersburg PA
CBHW080808300426
44114CB00020B/2866